李嘉诚商业课

LIJIACHENG 刘志则 胡海艳◎著

SHANGYEKE

**不忘初心
方得始终**

花山文艺出版社

图书在版编目（CIP）数据

李嘉诚商业课：不忘初心，方得始终 / 刘志则, 胡海
艳著 . — 石家庄 : 花山文艺出版社 , 2018.9
ISBN 978-7-5511-4250-2

Ⅰ . ①李… Ⅱ . ①刘… ②胡… Ⅲ . ①李嘉诚 – 生平
事迹 ②李嘉诚 – 商业经营 – 经验 Ⅳ . ① K825.38 ② F722.2

中国版本图书馆 CIP 数据核字 (2018) 第 208684 号

书　　名：李嘉诚商业课：不忘初心，方得始终
著　　者：刘志则　胡海艳

责任编辑：梁　瑛
责任校对：李　伟
美术编辑：胡彤亮
出版发行：花山文艺出版社（邮政编码：050061）
　　　　　（河北省石家庄市友谊北大街 330 号）
销售热线：0311-88643221/29/31/32/26
传　　真：0311-88643225
印　　刷：环球东方（北京）印务有限公司
经　　销：新华书店
开　　本：710×1000　1/16
印　　张：16
字　　数：200 千字
版　　次：2018 年 10 月第 1 版
　　　　　2018 年 10 月第 1 次印刷
书　　号：ISBN 978-7-5511-4250-2
定　　价：48.00 元

P 前言
PREFACE

一位加拿大商务官员对李嘉诚着了迷。他将一幅李嘉诚的肖像（杂志封面）挂在办事处，只要一提到李嘉诚便竖起大拇指，赞不绝口，说那是他心中的英雄！

2017年6月27日，已近九十岁高龄的李嘉诚先生参加汕头大学2017年的毕业典礼，并发表了非常精彩的演讲——

一生志在千里，也知似水流年；我年轻过，历尽困难试炼，我深刻知道成长之路是非常不容易的；在高增长机遇巨浪中，愚人见石，智者见泉。

……

愚人常常抱怨，觉得墨守成规是被逼出来的，被制度营役、被繁文缛节捆绑、被不可承受的期望压至透不过气；他们渴望"赢在起跑线上"，希望有个富爸加上天赋的优越组合，认为"人能弘道"、改变尘世复杂和无可奈何的扭曲太负重，

"道能弘人"肯定更舒服。

这段话概括了他一生执着追求的真理，也道出了他获得成功人生的真谛——不忘初心，方得始终。而其中最重要的两个要点便是愿力与自律。

愿力即自发提高自我的内在驱动力。李嘉诚的成功与他自身的强大愿力有着巨大的关系。李嘉诚的一生是对愿力最好的诠释，他不甘命运，执着追求，凭着内心对成功的强烈渴望，终于一步步走向了事业巅峰，成就了辉煌人生。

从一个茶楼跑堂到亚洲首富，李嘉诚把自己的成功归功于"愿力"——一生都保持着拼搏奋斗、不断进取的精神追求，永远自动自发地以愿望为灯塔，不断地奋进，不断地追求更高的目标。中间虽有诸多磨难挫败，但他都靠着对梦想的执着追求、改造自身命运的愿力而克服掉了，最终修成正果，获得美好人生。

愿力是一个人的精神支柱，是拥有远大的人生志向，是处世懂得善择的智慧，是创业创新所需的勇气，是心有大爱、广施众生的善心，是"不忘初心，方得始终"的坚持和毅力。

李嘉诚认为舞蹈家一般都具有强烈的愿力，他们总是对着镜子不厌其烦地练习着舞蹈动作。李嘉诚觉得他们每天面镜，并非顾影自怜，而是不怕疲惫、不怕痛苦，一而再，再而三，修正追求举重若轻的完美，技巧内化自我之中。走到台前，"身与物化，意到图成"。所有的成功者无不需要如此强大的精神愿力。

一个人只有具备强大的内心渴望，有对成功的极大追求，并时刻保持拼搏的精神，才能自动自发地为自己的目标不断奋进，哪怕遇到再大的挫折和困难，也不轻言放弃。

自律是铁杵成针的意志功夫，也是李嘉诚成功的重要因素。所以李嘉诚说："懂得善择才是打造自己命运的保证。而命运大赢家的梦幻 DNA 组合，是科学心智与艺术心灵的觉醒，才可把潜能修炼为出众的人生。性格基础是意志力，自律的坚持和创意潜力相形相塑，才可达致拥有挪移心外喧哗的处世心力。"

自律就是要约束自我、本分做人、老实做事，正是有了这样的自律，李嘉诚才做到了做人有原则、生意不取巧、用人善爱才、管理先自律、投资需谨慎的为人处世的至高境界，创造了当下不凡的成就。

李嘉诚一直将"做好人""做好事"奉为自己一生最大的自律原则，他认为作为一个商人首先应该学习的课程就是做人，其次才是做生意。商业的成功，取决于做人的成功。做生意的人都精明能干，可是并不是每个人都能成功。关键在于你得靠自己踏实的做人之道赢得别人的信任，使别人愿意和你达成交易。

不论什么时候李嘉诚都严于律己，即使在公司里，他也以高标准要求自己。他总是第一个到公司，最后一个离开公司。当员工来到的时候，李嘉诚已经来到了公司，开始处理一些事情；晚上下班的时候，李嘉诚等到所有的员工都已经下班了，他才下班；从办公室出来，他又要将公司的每个地方都重新检查一下，把一些没有关的门窗、打印机、复印机等机器都关掉，然后才离开。

　　本书从愿力和自律两方面，阐述了李嘉诚所尊崇的经商原则和处世之道，同时这也是他取得成功的两个最重要的因素。不忘初心，方得始终。相信此书可以让我们看到一个不一样的李嘉诚！

　　最后，感谢为本书的创作提供文字整理的邢桂平女士！

C 目 录
ONTENTS

Chapter 9　管理先自律

　　　　　　——以身作则，方可将才

Chapter 10　投资需谨慎

　　　　　　——懂得控制欲望，方能不败

附　录

Chapter 1

人生有志向

——似水流年，一生志在千里

愿力，提高自我的内在驱动力

> 因循的并发症是不思不想和无感无知，在人工智能时代肯定过不了关。驾浪者的基本功，时时刻刻要灵敏、快知快明，要有独立思考的悟力、能运用想象，把现实、数据、信息合组成新。

"愚人和智者的差别在于'愿力'"，如今功成名就的李嘉诚这样总结自己成功的缘由。

2017 年 6 月 27 日，李嘉诚应邀到汕头大学参加毕业典礼，在毕业典礼上他发表了精彩的演讲——《愿力人生》。

已是耄耋之年的李嘉诚看着校园内朝气蓬勃的年轻人，感慨万千。时光飞逝，置身于汕头大学的时候，李嘉诚肯定也想到了自己年轻的时候。那时，他怀着一颗赤子之心，经历了各种磨难，但他终究走了过来，而且创造了常人难以创造的财富，取得了一般人难以企及的成功。可以说，李嘉诚的一生是精彩的一生。

如今的李嘉诚是将近九十岁高龄的老人了，他深刻体会到人的成长之路是异常的艰辛。因此，他要将自己的一些人生经验讲与未来世界的掌握者们听，愿他们少走弯路，更快取得人生的成功：

愚人只知道"为"（to do），智者有愿力，把"为"（to do）变"成为"（to be）。"愿力一族"是如何修炼？如何处世？如何存在？

愚人常常抱怨，变得墨守成规是被逼出来的，被制度营役、被繁文缛节捆绑、被不可承受的期望压至透不过气；他们渴望"赢在起跑线上"，希望有个富爸加上天赋的优越组合，认为"人能弘道"、改变尘世复杂和无可奈何的扭曲太负重，"道能弘人"肯定更舒服。

这样的心态，他们已"输在起跑线上"。传统中国智慧告诫我们命与运是互动交织的，拥有一切，也可以一无所有。懂得"善择"才是打造自己命运的保证。而命运大赢家的梦幻 DNA 组合，是科学心智与艺术心灵的觉醒，才可把潜能修炼为出众的人生。性格基础是意志力，自律的坚持和创意潜力相形相塑，才可达致拥有挪移心外喧哗的处世心力。

自律是铁杵成针的意志功夫。每个希望成为大舞蹈家的人，每天面镜，并非顾影自怜，而是不怕疲惫、不怕痛苦，一而再，再而三，修正追求举重若轻的完美，技巧内化自我之中。走到台前，"身与物化，意到图成"。

李嘉诚的成功与他自身的强大愿力有关，愿力是自发提高自我的内在驱动力。从创业之初到现在，李嘉诚已经经历了六十多年的风雨，从一个茶楼跑堂到亚洲首富，李嘉诚把自己的成功归功于"愿力"——一生都保持着拼搏奋斗、不断进取的精神追求，永远自动自发地以愿望为灯塔，不断地向奋进，不断地追求更高的目标。中间虽有诸多磨难挫败，但时刻都靠着对梦想的执着追求、改造自身命运的愿力进行克服。

1999年，李嘉诚登上《福布斯》排行榜，并被评为"全球华人首富"。从那以后，连续十五年，李嘉诚的"全球华人首富"的名号从未被动摇过。如今，李嘉诚的商业王国覆盖了全球很多国家，几乎各个行业他都有所涉及。他经营的业务为十几万员工解决了就业的问题；他一生都致力于慈善事业，帮助了无数的人；他坐拥巨大财富，却有着低调可亲的人格魅力。他的一生是成功的、辉煌的、近乎完美的。

李嘉诚在前文中所提到的"愿力"，其实指一个人的精神支柱。对商场上做生意的人来说，有些人可能奋斗一生都没有取得什么成果，但是有些人只是随意地做了一些事情，就能取得非凡的，甚至是令世人瞩目的成就，而此时，我们当中的一些人会将这种结果归功于天意、运气。其实不然。

很多时候，人们只看到了他人的成功，却没有看到他人在成功之前所付出的辛勤努力，以及所做的准备工作。成功人士，一般都不会盲目地跟大流做决定，他们有自己的一套独特思维。

几乎所有的成功者都需要有强大的精神愿力，否则，就无法获得精彩的人生。人生其实就是一个大舞台，在这个大舞台上，我们每一个人都应该时时面镜，对自己的"面部表情""行为动作""姿势体态"有一个清晰的了解，以便更好地调整自己的"舞蹈状态"。

人生的道路是艰苦的，势必要依靠自己强烈、清晰的愿力来给自己加油、鼓劲，激励自己不断克服困难，最终实现自己的梦想，走向成功。

李嘉诚成功的一生是对愿力最好的诠释，他不甘命运，执着追求，凭着内心对成功的强烈渴望，终于走上了事业的巅峰，成就了辉煌人生。

在《愿力人生》这篇精彩的演讲中，李嘉诚还说："因循的并发症是不思不想和无感无知，在人工智能时代肯定过不了关；驾浪者的基本功，时时刻刻要灵敏、快知快明，要有独立思考悟力、能运用想象，把现实、数据、信息合组成新。"

商场如战场，处处是竞争，处处是硝烟。商场是变幻莫测的，只有准确预估形势，才能在其中找到正确的商路。商场中的每一项业务都有一定的饱和度，所以，当别人争先恐后、一哄而上去做某件事情的时候，你就不能盲目地跟风，应该有自己独到的见解，应该能从事情的表象中探索出真理，深思熟虑后再行动。

一个人要想取得成功，首先应该有好的项目，一个好项目是成功的前提，但如果只是看到表面的财富就不假思索地冲上去，那么，他很可能因考虑不周、准备不足而深陷泥潭，遭遇失败。

　　人生需要有愿力，还要具备清醒的头脑。李嘉诚的人生经历告诉我们，一个人要想在市场竞争中立于不败之地，就要根据市场的变化来调整自己的商业经营策略。

　　愿力是提高自我的内在驱动力，它是人的精神力量，是人们对于未来的一种迫切愿望。李嘉诚是一个具有强大愿力的人，他知道自己想要什么，想成为什么。在有了奋斗目标后，他愿意为之奋斗并努力，因此，他才能取得如今惊人的成就，建立起属于自己的商业王国。

想得长远，才能取得更大的成就

> 一个人做得再成功，也仅仅只是为了生存下来。况且，那些成功都是过往的成绩，不代表你明天一觉醒来的时候，生意还在。我唯一相信的是，未来之路还会崎岖不平，必须如临深渊、如履薄冰地面对明天。

伟大的人们，他们从来都不会满足于自己眼前的利益和自身目前的强大，他们从不愿意安逸；伟大的人们，他们对自己总是有着无穷无尽的要求，他们感觉自己永远都有新东西要学习，感觉自己还有上升的空间；伟大的人们，他们永远都在寻找新的商机，突破自我，向前行走，想要更大的世界……

李嘉诚从小命运多舛，但他从未自怨自艾，怨天尤人，相反，他自强不息，努力奋斗，一步一个脚印地走出了属于自己的人生之路。

从李嘉诚的身上，我们可以看到坚定的理想和远大的梦想对一个人的成长有多么重要。

李嘉诚说："一个人做得再成功，也仅仅只是为了生存下来。况且，那些成功都是过往的成绩，不代表你明天一觉醒来的时候，生意还在。我唯一相信的是，未来之路还会崎岖不平，必须如临深渊、如履薄冰地面对明天。"

很多人都想要创业，自己做老板，但是这并不是一件轻松的事情，并不是每一个创业的人都能取得成功。想要创业就要不断拼搏，不断进取，如果只满足于现状，裹足不前，定不可能取得多大的成就。

无论何时何地，李嘉诚从来都没有停下前进的脚步，为了能够走得更远，看到更大的世界，他从不懈怠，而是坚持着一直往前走，尽管他已经取得了很多人没有取得的成就。

最初的时候，李嘉诚在一个茶楼上班，每天他都要拿着茶壶来来回回跑上十几个小时，非常累。但劳累和辛苦对当时的李嘉诚来说根本不算什么，因为那时他已经有了自己的想法，确切说他有自己的理想，他知道自己不会永远待在这个地方，他会走得更远。

在茶楼上班时，李嘉诚每天总是最早一个到，到了茶楼后，他就对来喝茶的形形色色的人进行细致观察，潜心揣摩。根据这些人的体形、外貌、口音来分析他们的籍贯、年龄、职业、收入和性格等，然后找机会验证。

这样一来，李嘉诚很快就对茶楼的顾客的消费习惯有了一个清晰的认识，经他服务过的客人对他的服务都非常满意，因此，李嘉诚成了茶楼加薪最快的伙计。

当李嘉诚学到一些为人处世的技巧后，他坚定地辞掉了茶楼伙计这份工作，去了一家塑胶公司做推销员。做推销员要与各种陌生人接触，这对于年龄还小、性格比较内向、没有什么经验的李嘉诚来说，确实是一件非常有挑战的事情。

为了能够做得更好，李嘉诚开始练习说话技巧，积累专业知识，每次向客户推销的时候，李嘉诚都要反复思考"客户可能会提出哪些问题，自己要如何回答"。思考过后，李嘉诚还要反复练习，直到自己能够熟练地与客户沟通为止。

后来，李嘉诚在香港成了一个小有名气的推销员，他被万和塑胶裤带公司挖了过去。那时，十八岁的李嘉诚被提拔为部门经理，两年后又晋升为总经理。

风华正茂，事业有成，这是很多人梦寐以求的，按理说，李嘉诚该拿着优厚的待遇，一直安安稳稳地待在这里。可李嘉诚不安现状，他想飞往更广阔的天空。

1950 年，二十二岁的李嘉诚又辞职了，这一次，他踏上了创业之路。李嘉诚开办了长江塑胶厂。短短几年的时间内，长江塑胶厂生产的塑胶花很快就占领了香港市场，并走出国门，李嘉诚也因此成为香港的"塑胶花王"。一夜之间，李嘉诚名满天下，名利双收。

李嘉诚后来说过这样两句话："我二十七八岁的时候，可以对贫穷说，永远不会再见了。""1957 年、1958 年，我赚到了很多钱。"那么，对于赚到了很多钱的李嘉诚来说，他是否就该停下来了呢？答案是否定的。

对于眼前的财富，李嘉诚并没有感到满足。此时的李嘉诚看到了香港地产业大有前景，于是，他开始将目标转向地产界。

按照常人的思维，李嘉诚应该在塑胶花行业内继续开拓，争做世界塑胶业的泰斗，不应该转做未来不算明晰的地产界。然而李嘉诚清醒地认识到，世间万事万物都有盛衰的定律，要看到世界大市场的发展趋势，才能立于不败之地。后来的事实证明，转做地产是李嘉诚放眼未来的绝佳做法，他在地产界的投资也为他赢得了长远的利益。

做生意最主要的诀窍就是要有远见，当你看清自己所从事的行业已经无法继续成长时，就要考虑跨到其他行业上去，而不是一味地死守老本。

1986 年，李嘉诚又投资 32 亿港元，购入加拿大赫斯基石油公司 52% 股权。这是当时最大一笔流入加拿大的港资，不但轰动加拿大，亦引起香港工商界的骚动。其后，李嘉诚不断增购赫斯基石油股权，到 1991 年，股权增至 95%，总投资为 80 亿港元。

此时的李嘉诚与早年相比，走得很远了，但他仍旧没有止步。

之后，李嘉诚又将眼光投向了世界，他是一个胸中装着全球生意的世界级大商人。在有了一定的实力后，李嘉诚又进军英美，投资英国，斥资 6 亿港元购入英国皮尔逊公司近 5% 股权，盈利 1.2 亿港元；投资 3.72 亿美元，买进英国电报无线电公司 5% 股权，净赚近 1 亿美元；收购英国 Quadrant 集团的蜂窝式流动电话业务，使其成为和黄通讯拓展欧美市场的据点；进军美国、新加坡、日本等地，收益颇丰。

可以说，李嘉诚的生意已经做到了全世界，他走到了世界性商业舞台中去，是真正的超级商人，超级大富豪。

李嘉诚之所以能成功，是因为他始终都有一颗强烈进取的心，他的身上没有一般小商人的小富即安的思想，他是有远见，有大理想的人。

在李嘉诚的塑胶花产业风光无限的时候，李嘉诚意识到未来的朝阳产业将不再是塑胶产业而是房地产业之时，他立刻将生意的重心转到了房地产业上。后来，他又加大力度参与到通信、生物工程、零售连锁、能源等行业中来，这说明李嘉诚在不断拓宽自己的业务，以高远眼光发展企业。

一个人只有走得远了，才能看到更大的世界。如果仅仅只安于现状，局限于一方小天地，那么就看不到外面的广阔天地，必然就不会有大成就。

一个人只有走得远，见得多，才能拥有更加广泛的见识，更加宽广的眼界，遇到事情才能处变不惊，才能拥有更好的处理方法。

任何人都不可能随随便便就取得成功，即使如李嘉诚一般的大人物，也一定要经历苦难、挫折，只有经受了这些，没有被其吓倒，努力克服，奋力前进，才能见到美丽的彩虹，取得成功。

生意场上，李嘉诚遇到的困难和挫折是我们不能想象的，但不管遇到什么，他都一一克服，从未放弃，只为寻找更远大的目标，追求更高的人生成就。而只有这样的人才能真正获得成功，成为真正的人生赢家。

不甘平凡，才能走向卓越

　　创业之初，你是否有资金都无关紧要，重要的是你有梦想并且不会轻易改变这种创业的信念。梦想是你迎战艰难、屡败屡战的精神动力。而后在实践中学习知识、总结经验并把这种热情持续下去，那么，你离成功就不远了。

　　李嘉诚说："人第一要有志，第二要有识，第三要有恒，有志则断不甘为下流。"人一定要拥有不甘于平凡的志气和一往无前的勇气，经商之人更应该拥有如此的志气和勇气。唯有如此，人们才能克服一切困难，达到目的。

　　长久以来，我们都一直认为自己之所以贫穷，是因为没有雄厚的资金和物质基础，但是纵观那些成功人士，他们在创业之初也和我们现在一样。而他们之所以能够取得成就，是因为他们有成功的志气、知识与恒心。

很多人没有取得成功，是因为其安于现状，总是处于一种自我满足的心理状态中。一个人，如果没有不甘于平凡的志气，就难以取得成就；一个人如果只有不甘于平凡的志气，但是并没有为此付诸行动，那么最终也不可能梦想成真。

李嘉诚是一个非常有志气的人。在李嘉诚很小的时候，他被迫随着父亲一起逃亡到香港。那时候，他们一家人的生活非常艰苦。

李嘉诚的父亲是一个非常清高的读书人。当他们举家逃难到香港的时候，他们发现香港这边的人根本不看诗、词之类的东西，因此，李嘉诚父亲的满腹经纶便没有了用武之地。当时，李嘉诚父亲的心理上受到了很大的打击。

在李嘉诚14岁的时候，他的父亲病倒了，而作为长子的李嘉诚，被迫辍学，挑起了养活一家人的重担。因为贫穷，李嘉诚更加渴望做生意获得财富、改变命运，使一家人不再忍饥挨饿。正是因为这种非常简单的想法，才使他不断努力奋进。

我们都知道，最开始的时候，李嘉诚是在一个茶楼里面做跑堂的，而茶楼其实也是一个小社会，在这个小社会里面李嘉诚学到了很多的知识和技能。后来，李嘉诚又去了自己舅舅庄静庵的钟表公司上班。在钟表公司，李嘉诚也是从底层做起，开始学习钟表知识。在钟表公司干了几年后，他又去了一个做五金的公司，开始做推销员，通过不断奋斗，成为总经理。

在成为总经理后，年轻的李嘉诚的眼光和思维都上升到了一定的高度，也就是在这个时候，他发现了一个非常有前景的行业——塑料制品行业。于是，李嘉诚毅然决然地离开了钟表公司，去塑料厂上班。

李嘉诚不断更换工作，一方面是因为生活压力所致，一方面也是因为他希望学习和积累更多的知识和技能。

那时，李嘉诚就已经看清了世态的炎凉，人情的淡薄，在这个鱼龙混杂的社会中，他非常缺乏安全感，他认为，一个人只有拥有了足够的知识和能力，才能够掌握自己的命运，进而根据自己的爱好选择是否要做一些事情。

"命运掌握在自己手里，命运的好坏由自己去创造。"李嘉诚一直就将命运掌握在自己的手中，他不愿屈居于人下，不甘平凡。为了能实现自己的人生价值，为了能改变自己的命运，为了能让一家人都能生活得更好，李嘉诚开始想着自己做生意。在那个年代，也只有这样，他才有机会实现自己的价值。

因为有了创业的想法，李嘉诚就利用一切可以利用的时间、机会，学习自己认为需要的知识和技能，为未来的创业做准备。

在茶馆的时候，李嘉诚学会了察言观色，学到了为人处世的技巧和能力；在五金店的时候，他深切了解客户的心理和需求，练就了与客户沟通的技巧，也积累了一些管理的经验；在塑料厂的时候，他又接触和学到了很多关于塑料以及塑料生产的知识与技能，而这些都为他以后的创业打下了坚实的基础。

因为有了不甘平凡的志气，李嘉诚又将这种志气化为实际行动，一步步地创建了长江塑胶厂，并将自己的生意越做越大，从而真正实现了自己的人生价值，获得财富的自由。

李嘉诚在谈到自己从商的经历时，深有感触地说："创业之初，你是否有资金都无关紧要，重要的是你有梦想并且不会轻易改变这种创业的信念，它是你迎战艰难、屡败屡战的精神动力。而后在实践中学习知识、总结经验并把这种热情持续下去，那么，你离成功就不远了。"

假如李嘉诚没有不甘平凡的志气和将志气付诸行动的决心，那么，他可能和大多数人一样，还在默默无闻地打工，也就不会取得现在的卓著成就了。

人一旦没有了不甘平凡的精神动力，就会安于现状，就会消极待命，那么，他就会失去了脱离现状的强烈愿望，也就不可能会取得成功。

为什么取得卓著成就的只有少数人呢？因为大多数人在面对命运的不公或磨难的时候，都选择了隐忍和接受，只有一部分人不甘于命运的安排，冲出命运的枷锁，追求自己想要的人生。

很多成功人士，他们在成功之前都是贫穷的，一无所有的。他们有的甚至连一般的生活水平都不能达到。也正因为如此，他们才能深刻地了解生活的贫穷，为了摆脱这种贫穷的生活状态而奋发向上，积极奋斗。

李嘉诚从一无所有，到成为商界的传奇而被大家所熟知，他的成功离不开他有一颗不甘平凡的心，正是在这种不甘平凡的精神的鼓励下，他才能不断奋斗，取得一个又一个伟大的成就。

　　一个人如果失去了不甘平凡的志气，就失去了上进的信心。我们这些平凡的人们都应该积极地找寻属于自己的那一份不甘平凡的志气，勇敢地、不间断地向前进，只有这样才能不断走向卓越。

高瞻远瞩，眼界决定未来

做生意的时间期限是五年、十年，而不是一年、两年，长实有些项目也是七年才有收成。可以说，着眼于未来、善于把握趋势是和黄成功的主要原因之一。

有人曾经问李嘉诚，其成功的"秘诀"是什么。李嘉诚则回答："其实是很简单的，我每天90%以上的时间不是用来想今天的事情而是想明年、五年、十年后的事情。"

20世纪80年代，在一次记者会上，李嘉诚谈及和记黄埔有限公司（以下简称和黄）成功的原因。他说："电信业务是未来集团的发展重点。"同时，李嘉诚之子、和黄集团副主席李泽钜也谈到，"做生意的时间期限是五年、十年，而不是一年、两年，长实有些项目也是七年才有收成。可以说，着眼于未来、善于把握趋势是和黄成功的主要原因之一"。

不管做什么事情，都不能只考虑眼前，要高瞻远瞩，将眼光放长远一些，这样才能取得别人难以企及的成就。李嘉诚能得到今日的成就，靠的定然是高远的眼界，超前的思维，宽广的格局。

对于经商的人来说，眼界决定了未来。有些事情可能会带来短期的收益，但是从长远来讲，可能会让我们损失惨重；而有些事情可能目前无法取得收益，但从长远来看，可能会带给我们意想不到的收获。因此，作为一名企业家，必须具有长远的眼光。

李嘉诚看到了水泥在建筑中的重要作用，认为这是一个非常好的商机，发展前景非常广阔，于是决定收购英资青洲英坭公司。有了这个决定后，李嘉诚开始收购市场里的青洲英坭公司的股票。1978年，李嘉诚已经拥有该公司25％的股票，顺理成章地成为青洲英坭公司的董事。

"董事"不是李嘉诚的目标，他要的是绝对的控制权。因此，在成了青洲英坭公司的董事后，李嘉诚还在不断地收购股票。一年以后，也就是1979年，李嘉诚成功收购青洲英坭公司将近40％的股票，顺利入主青洲英坭公司董事局主席的位置，拥有了绝对的话语权。

李嘉诚收购该公司后，不仅使自己在地产体系中拥有了一定的优势，同时，他还掌握了建筑行业的重要原料，在后来地产行业飞速发展的时候，他又取得了源源不断的利润流。

李嘉诚在投资中总是能够从长远利益出发，比别人先一步洞察商机，并果断地付诸行动，这也是他做生意能够取得成功的一个重要原因。

成功人士一般都有一双慧眼，不仅识人善任而且目光高远，他们一般都会站在新的高度去看待自己所面临的一切，并且准确地找到关键点，筹谋准备，伺机而动。

1989 年，李嘉诚通过和黄收购了英国 Quadran 集团蜂窝式流动电话业务，从此在英国的电讯市场占有一席之地。但是这次投资并没有使和黄取得可观的利润，反而不断亏损。

针对这种局面，1992 年，在英国，和黄又推出了名为 RABBIT（兔子）的 CT2 流动电话业务。但是因为该项业务只能打出不能打入，很快就被先进的电讯服务技术所打败，经过一番挣扎，仍然没有扭转局面，反而增加了庞大的债务压力。

在这种紧迫的形势下，李嘉诚高瞻远瞩，坚持认为电讯业务有很广阔的发展空间，有很好的市场前景，不愿意就此放弃英国电讯业务。也就在这个时候，李嘉诚开始想尽一切办法来挽救这种局面，力图使 RABBIT(兔子) 流动电话业务在市场中持续发展。

1994 年，和黄吸取了 RABBIT（兔子）流动电话业务失败的教训，决定以 80 多亿港元的重金对公司经营的电讯业务重新包装，并推出 GSM 流动电话服务业务，并取名 Orange（橙）。

由于 RABBIT（兔子）流动电话业务的失败，新推出的 GSM 流动电话服务业务——Orange（橙）也不被外界看好，很多人都认为这一项业务不一定会成功。

经过一段时间的市场检验，很多消费者感受到了 GSM 的独特魅力，手提电话也因此得到了越来越多消费者的喜爱。在市场中，手提电话也引起了市场上的一股购买热潮。相应的，Orange 的首期经营获得了非常好的成效，也给公司创造了可观的利润。Orange 的成功经营，正是李嘉诚高瞻远瞩的战略布局的一次胜利。

1996 年 4 月，李嘉诚趁势将已经发展得非常顺利，且市场前景非常广阔的电讯业务 Orange 在英国上市。就在上市的当天，Orange 就一跃成为金融时报指数成分股，将之前上市公司股份成为成分股的最短时期记录打破了。Orange 的势头之猛，可谓无人能及。

转眼一年的时间过去了，Orange 不断发展，它在英国的客户已经超过了 100 万，成为英国三大流动电话商之一。

1999 年，李嘉诚亲自指挥和黄与曼内斯曼公司进行了一周的紧张谈判，最终，和黄集团以 1130 亿港元的价格向曼内斯曼出售 44.81% 的旗下 Orange 电讯公司的股份，而曼内斯曼则分别以折合 220 亿港元的现金、价值 220 亿港元的欧元、3 年期票据及 1184 万股曼内斯曼新股支付。

李嘉诚促成的这次交易使和黄获利 1000 多亿港元，套现 440 亿港元，还持有了曼内斯曼 10.2% 股权，而李嘉诚也成了该公司最大的单一股东。而因为此次交易，和黄的客户也增加到了 2500 多万，是原来的七倍之多，客户的大量增加使得和黄又获得了可观的收益。和黄集团和曼内斯曼两家公司合并后，和黄间接控制了在电讯行业非常强大的曼内斯曼公司。

李嘉诚的眼界非常开阔，是一个高瞻远瞩之人。他非常看好电讯行业，因此不惜斥巨资投入，促成了和黄集团和曼内斯曼两家公司的交易。在李嘉诚的撮合下，两家公司完成了交易，而他自己也从中收获了不菲的收益。

和黄集团和曼内斯曼两家公司的交易被称为香港前所未有的国际并购交易。如果当时李嘉诚没有高远的眼界，开阔的心胸，长期的布局和谋划，和黄集团与曼内斯曼公司也很难完成精彩的合并。

聪明的商人都不做一锤子的买卖，他们总是希望能在一个客户身上完成多次的交易。因此，有头脑的商人通常愿意发挥自己的聪明才干将生意做活、做大，让自己的经商之路在未来走得更久、更快、更宽、更远。

试想，一个人坐在飞机上面，当他俯瞰大地之时，他肯定能够看到更加广阔的土地，更多丰富的动植物，或者，他的脑子里也会想出更多新奇的想法。

真正的生意人绝不会只看眼前的蝇头小利，他们永远都是站在最高处进行瞭望，他们谋求的是长远的发展和利益，他们有自己的宏图大志。在真正的生意人眼中，眼前一时的得失并不算什么，他们更看重长远的、持续的合作与发展。

建造大厦，打好地基最关键

> 年轻人一定要脚踏实地。我们在用人时非常关注一个人是否脚踏实地，不管他现在做得怎么样，如果一个人不脚踏实地，走得越远，也就越麻烦。就像一栋大楼，如果地基没打好，建得越高越危险。

李嘉诚很欣赏孔子所说的"过犹不及"。在他看来，任何一个行业，过度扩张都是不好的。你过度保守，就无法跟人家竞争；你过度扩张，也容易出毛病。任何企业，知道什么时候应该停止，什么时候应该扩张，这是很重要的。怎样从小型企业到中型企业，怎样从中型企业到大型企业，步步为营，这是一个学问。

从茶楼跑堂到店员、销售员，无论做哪一行，李嘉诚都脚踏实地地做好本职工作，在每一个岗位上，都努力汲取不同的知识和技能，这些经验的积累无疑为他日后自己创业打下了坚实的基础。

在茶楼工作时，李嘉诚每天都是早出晚归，为的是比别人多学点东西。年轻的时候，李嘉诚付出了很多，很辛苦。但是他并不觉得自己辛苦，因为他知道自己这不仅仅是在工作，还是在学习，为自己的未来而学习。先苦后甜这句话用在李嘉诚身上是再合适不过了。

从创业初始到创业成功，李嘉诚一直坚持脚踏实地的作风，不求大，不求快，一步一个脚印，稳扎稳打地前进。

创业之初，李嘉诚的手头上仅有五万港元，为了节省开支，他经常独自一人背着一大包的样品进行推销。那时，他一天走上十多个小时的路来推销自己的产品。也正是在那段辛苦打拼的日子里，李嘉诚感受到，做生意必须脚踏实地。

在日常交往中，李嘉诚也积极为自己树立良好的人品和信誉，很多人就是被他这种脚踏实地的做事态度和风格而感动了，纷纷选择和他合作，这也让李嘉诚迅速积累起巨额财富。

李嘉诚曾经说："很多公司只看见千斤和四两的直接可能，而忽视支点的可能性，因过度扩张而陷入困境。"而在此，李嘉诚所说的支点就可以看作是"脚踏实地"的做事态度。

一个很普通的道理：一座大厦要想稳固，首先要打好地基。倘若地基没有打好，那么大楼尽管盖得再华美，也有坍塌的可能。"空中楼阁"终究只是一个传说。

很多企业在发展的过程中，并没有切实地关注企业的自身经营状况，从而采取可行的、稳健的发展策略，而是一味地进行盲目的投资和扩张。最终将会导致企业没有办法继续前进，直至倒闭。

1999年11月，李嘉诚刚刚因为出售GSM流动电话服务业务——Orange的股权而获得了1180亿港元的资金，就在这时候，欧洲的电讯市场发生了重大的变化。英国的沃达丰电讯公司想要收购德国曼内斯曼52.8%的股权，而沃达丰和曼内斯曼都是电讯公司。

如果沃达丰成功收购了曼内斯曼的股权，那么，这就意味着德国曼内斯曼公司将失去自主经营权。而曼内斯曼的领导层显然已经知道了英国的沃达丰电讯公司的真实意图。于是，曼内斯曼的领导层表示坚决抵制沃达丰电讯公司的恶意收购。两家公司在私底下进行着较量。

在这场收购案中，李嘉诚显然成了战局的关键性人物，因为其是曼内斯曼公司的最大股东，拥有10.2%的股权。作为最大的股东，其实无论李嘉诚做出怎样的选择，他都会成为最后的赢家。

也正是因为如此，很多人都很好奇李嘉诚到底会如何选择。很快，李嘉诚就做出了决定。李嘉诚所在的和黄董事局发表声明，表示要坚决支持德国曼内斯曼公司，这个决定让大家很是意外。

很多人都不能理解李嘉诚当时的做法，都觉得他是不是糊涂了，放在眼前的钱不赚。而李嘉诚却这样说："和黄与曼内斯曼一起发展，这对和黄股东有利，而且沃达丰提出的收购价不具备吸引力。"

在英国沃达丰所给的巨额红利面前，李嘉诚没有迷失自己。因为他知道公司此时还不具备扩张的能力，积蓄力量，稳步发展，才是和黄与曼内斯曼发展的关键。于是，李嘉诚和曼内斯曼一起抵制了英国沃达丰的收购。

李嘉诚选择曼内斯曼公司其实是经过深思熟虑的，他的目标不仅仅是为了获得一些资金，而是想在欧洲电讯市场上谋划布局，大展拳脚，取得更大的机会，因此，他不会放弃自己的商业谋略。

李嘉诚曾说："年轻人一定要脚踏实地。我们在用人时非常关注一个人是否脚踏实地，不管他现在做得怎么样，如果一个人不脚踏实地，走得越远，也就越麻烦。就像一栋大楼，如果地基没打好，建得越高越危险。"

相比我们生活中的普通人，他们常常会被眼前的利益蒙住双眼，而放弃了更有前景的目标，在还没有打好基础的时候，盲目地追求快速发展，根本没有注意到风险会随之而来；还有一些人，他们明明知道会有不好的结果，却一意孤行，以为自己是个例外，可以侥幸避开，结果可想而知，注定要一败涂地。

在商业竞争中，要想顺利发展就要牢牢打好地基，坚持稳健的策略，战胜一时的贪念。一个人如果连自己的想法都无法控制，那么这个人也难以取得成功。正所谓"九层之台，起于累土"，任何事情，若想成功，都得从基础做起，稳扎稳打。

从白手起家到成就商业帝国，李嘉诚的经历告诉我们，成功的人都是务实主义者，他们总是用心做好每一件事，不管这些事看起来有多么平凡和普通。一个人若一味好高骛远、急于求成，那么，成功也可能就会成为水中月、镜中花。

其实，在创业的路上，李嘉诚也曾犯过急功近利的错误，为了战胜对手，他也曾好高骛远，盲目地做出错误的决定。

20 世纪 90 年代，在香港新界马鞍山，李嘉诚的长实地产和李兆基的恒基地产都在这里开发大型商居楼盘，长实地产开发的海柏花园楼盘与恒基地产开发的新港城楼盘挨得非常近，只隔了一条马路。两个大楼盘相隔如此之近，势必会引起激烈的市场竞争。

1994 年，为了赢得市场，李嘉诚率先以非常低的价格将海柏花园推出市场，由于楼盘价格低，客户们趋之若鹜，竞相购买，海柏花园因此获得了非常高的收益。

客户是固定的，当然是哪里的价格低就去哪边购买，买了这边的就不会买那边的。因此，李兆基的新港城楼盘可谓是门可罗雀，很少有人去过问。

两家楼盘仅仅相隔一条马路的距离，但差别却是如此之大。于是李兆基也开始降价销售，由于降价，李兆基也获得了一定的收益。

1995 年 7 月 13 日，李兆基又以更低的价格限量出售房子。紧跟着李嘉诚又再次降价，两家开始打起了价格战，竞争进入白热化。

最终，李嘉诚的楼盘价格降到了非常低，很多客户又转向了他这边。楼盘的价格已经降到了最低，李兆基觉得一直依靠降价来竞争是一个非常不明智的选择，于是，他很快就退出了这场价格战。

而李嘉诚的长实地产却坚持到了最后，结果是售出了很多的房子，但是因为售出的价格非常低，相对的，获得的利润也就不是很多。与此同时，公司也承担着很大的风险。李嘉诚与李兆基的竞争，虽然挫伤了其士气，但是他自己也没有得到一定的好处，可谓是两败俱伤。

这次事件最后虽然没有造成非常严重的后果，但确实让李嘉诚深感后悔，在他以后的商业活动中，他都告诫自己，不要一味贪大而冲动做事，每做一件事都要充分考虑其潜在的风险，坚持在稳健中求生存，求发展。

生意人一定要懂得：在竞争激烈的商场中，无论形势如何紧迫、严峻，身为生意人都要有一个清醒的头脑，既要根据形势采取冒险、勇猛的举措，还要审时度势，适时采取稳健的措施，只有这样，才能成为一名成功的生意人。

Chapter 2

处世要善择

—— 有愿景，更要量力而行

善择，需要有顺其自然的勇气

> 如果可以得十分利，我只取九分，把一分让给对方，这样皆大欢喜，生意才能越做越顺利，越做越长久。

李嘉诚曾这样说："懂得'善择'才是打造自己命运的保证。"善择是一种取舍得当的人生大智慧。在不同的处境和时机下，一个懂得如何选择、如何取舍、知道何去何从的人，才能处乱不惊，拥有顺其自然的勇气，并战胜一切。

"我出生在中国广东潮州，出生时并没有什么特殊的异象……我成绩既不优秀，也不很差，我就是一个普通的孩子……和其他人没有什么异样。如果没有战争，或许我就留在潮州，不会来香港，那么我可能度过平庸的一生，也或者死于战火，或者死于饥荒和疾病。当然，也可能侥幸度过这些劫难，现在在潮州的某一个街道或村庄，悠闲地踱着步伐，没有被批判，也没有鲜花和掌声……因为日本侵华，我逃到了香港……我留在了香港没有返回潮州，我的故事因此开启，人生被彻底改变……这些并不是我想要的，不是我主动选择的。"李嘉诚如是说。

对于选择，李嘉诚这样说："我早早失学，没有读过太多的书……我充分理解失学的痛苦，所以后来援建了汕头大学。如果我能选择，我愿意坐在汕头大学的课堂，而不是香港的写字楼里。"

"如果人生可以重来，我宁愿不要这些艰难的选择。我希望我的孩子们、我的同事们，甚至每一个中国人，都能有主动选择的余地，从容安排他们的人生，不像我李嘉诚。"

"有一些东西不是我想要的，也不是我能主动选择的，这一点很重要。这就是我的命运，我的人生。但是我在最艰难的被动选择里，选择了相对较好的结果，这是我的成功之处。"

在面对命运和时势的流转之时，李嘉诚不仅表现出了顺其自然的勇气，更表现出了能够善择的大智慧。可以说，不管是在早期战火纷飞的年代，还是在之后的艰难创业阶段，李嘉诚的成功在很大程度上都归功于他的善择。

在"择"的过程中难免会有艰难的"舍"，特别是在经商的过程中，面对利益，作为商人，谁都不想"舍"，但李嘉诚却不这样认为。

刚开始时，李嘉诚创建的长江实业规模非常小，经过几年的苦心经营，其实力也只是具备了中小企业的水平，与"地产巨无霸"——置地的实力相差甚远。但1977年，长江实业却在一次竞标中打败了置地。

1976 年下半年，媒体发布了一个消息：香港地铁公司即将招标车站上盖发展商。招标公告还没有发布，地产界的商人们已经摩拳擦掌，跃跃欲试，想夺得这个绝好的商机。李嘉诚自然也是不愿错失良机。

1977 年 1 月 14 日，地铁工程项目招标开始。此次工程规模巨大，耗资不菲，全程预计需港币 205 亿元，工程长达 8 年之久。一期工程自九龙观塘到港岛中环，共 15 站，全长 15.6 公里，所需资金 56.6 亿港元。

地铁公司的资金来源：一是有政府担保向银行贷款；二是可以通过证券市场售股集资；三是与地产公司联合开发车站上盖物业所获的利润。

高额的资金投入令许多房地产商退出竞标，李嘉诚对此也没有必胜的把握，但是中环站、金钟站是香港客流量最大、最重要的两个交通枢纽，且这两个地方又是寸土寸金。建成之后的发展前景、沿线物业的发展势态必然良好。

面对这样大的诱惑，李嘉诚决定放手一搏，但是他有十分强劲的对手——置地。商界曾流行一句话叫："撼山易，撼置地难！"从这句话中，不难想到当时置地实力的强大，以及李嘉诚所承担的压力的巨大。

还未争取就放弃，这绝非李嘉诚的处世方式。于是，李嘉诚决定与置地一较高下，竞标地铁。知己知彼，方能百战百胜。为了能够获得竞标的成功，李嘉诚每天都翻阅和研究有关地铁的材料，期望能在这次竞标中一举拿下地铁车站上盖物业的开发权。

通过对地铁公司各种情况的详细了解和对局势的缜密分析，李嘉诚很快明白了地铁公司招标的原因，原来是地铁公司现金严重匮乏，香港政府工务局对此地的上盖工程进行估价后，根据商场的通常法则，要地铁公司的购地款全部现金支付。

由于地铁公司以高息贷款支付地皮，这使得它不堪重负，不得不采用招标的办法筹集资金，以保证现金回流以偿还贷款，并期望获得更大的盈利。

得到这一信息后，李嘉诚通过各种渠道筹集4亿港元，并在投标文件中注明：长江实业会首先满足地铁公司的要求，提供现金作购置费，工程完工之后利益所得地铁公司占51%，长江实业占49%，打破对半分享利润的惯例。

其实，按照长江实业当时的实力来说，其真的不足以与置地相抗衡，而且长江实业又自降分成，细算下来，一切都对李嘉诚以及他的长江实业很不利，但是，李嘉诚决定冒一次险。

李嘉诚想，高高在上的置地一直都是目中无人，过于自负，定不会将利益多分给地铁公司的。如果自己能够将利益多分与地铁公司，那么自己胜算的可能就会大很多。这样一想，李嘉诚心中的把握就更大了。果不其然，长江实业在这次地铁招标中获得了胜利，一时间，李嘉诚的名声响彻香港。

1977年4月4日，地铁公司董事局主席唐信召开新闻发布会，对与会记者说："这座建筑物会逐层售予公众，利益由地铁公司与长江实业共享，地铁公司占大份。若干间公司均对与本公司合作甚感兴趣，因而竞争激烈，所有建议均经详细研究，结果卒为长江获得，因其建议对本公司最具吸引力。"

地铁公司召开新闻发布会，足以表明地铁公司对与李嘉诚的这次合作十分满意，并且有继续合作的意向。这样的认可，使长江实业在地产界有了坚实的发展基础，上盖物业带来的 7000 万的巨额利润也为李嘉诚提供了雄厚的财政基础。李嘉诚通过让利又一次获得了巨大的商机。

李嘉诚的这次成功竞标与他的善择有着巨大的关系，首先他谋而后动，审时度势，分析利弊得失，做出了对双方都有利的抉择，才使得他能抓住这次机遇，一鸣惊人；其次，他敢于取舍，大胆让利，才使得他能打败强大的竞争对手，取得胜利。

与置地的竞争体现了李嘉诚精明的处世和经商智慧。在这次竞标中，李嘉诚看似是吃了亏，投入得多，分得的利润少，其实不然。李嘉诚获得的是长期的效益——与地铁公司进行长期的合作。

李嘉诚说："我有很多合作伙伴，合作后，仍有来往……你要首先想对方的利益：为什么要跟你合作？你要说服他，跟自己合作有钱赚。"

所谓舍得，就是有舍才有得，舍得让利，才能得利。李嘉诚做生意秉承的商道就是，宁可自己吃亏，也要换来别人的信任和再次合作的机会，其实最终得利最大的还是自己。

李嘉诚曾对自己的次子李泽楷说："如果可以得十分利，我只取九分，把一分让给对方，这样皆大欢喜，生意越做越顺利，越做越长久。"

李嘉诚第一次大规模投资海外时，曾付出 7700 万美元收购英国皮尔逊公司股权，当遇到皮尔逊管理层提出抗议时，李嘉诚就趁机获利 1300 万美元并聪明引退。这一次的收购与获利，也再次证明了李嘉诚顺其自然、能得能舍的勇气和智慧。

很多时候，我们看似牺牲了一时的利益，其实却能获得长远的利益。在面对利益的时候，能够做出正确的抉择，懂得取舍，愿意让利的人才是大智慧的人，才是真正的商业天才，而李嘉诚正是这样的一个商业天才。做生意不以利益为上，而是能为对方着想，这种智慧和勇气非一般人能有。

处世有原则，才能收获出众人生

一个有使命感的企业家，在捍卫公司利益的同时，应当更注意努力通过正直的途径谋求良好的成就，正直赚钱最好。

李嘉诚曾经在一次演讲中说："我相信只有坚持原则和拥有正确价值观的人，才能共建一个正直、有序及和谐的社会。一个没有原则的世界是一个缺乏互信的世界……我相信没有精神文明，只有物质充斥的繁荣表象，是一个枯燥、自私和危险的世界……我绝不同意为了成功而不择手段，如果这样，即使侥幸略有所得，也必不能长久。"

李嘉诚的父亲是一位十分正直的老师，他教给了李嘉诚许多做人做事的道理。李嘉诚的父亲常常告诫李嘉诚：人穷志不穷；做人要有骨气；凡事求人不如求己；吃得苦中苦，方为人上人；不义富且贵于我如浮云；失意不灰心，得意莫忘形；穷则独善其身，达则兼济天下。

对于父亲的谆谆教诲，李嘉诚从未忘却，这些道理都在李嘉诚的心中生根发芽，成为他日后做人经商时所坚持的信条与原则。正因为他始终保持着高尚的商业道德，才为自己赢得了高度的信誉，并在香港甚至国际商业舞台上树立了良好的商人形象。

1943 年，李嘉诚父亲去世以后，年幼的李嘉诚和母亲东拼西凑，终于为父亲凑足一笔买墓地的钱。按照香港的规矩，买地的人必须先付钱，然后才能去看地。

李嘉诚将这笔来之不易的钱交给两个卖地的兄弟后，便要求去看一看安葬父亲的墓地。卖地给李嘉诚的两个兄弟是客家人，他们一直向李嘉诚吹嘘自己的地有多好，说是风水宝地，先人葬在这里，后人必会发家致富。

李嘉诚当时可没想那么多，只希望父亲能有个安息之地，母亲可以安心就行了。他跟着两个卖地的兄弟去看地时，正好赶上寒流南下，气温骤降，还刮起了风，下起了雨，风雨交加导致山路泥泞，很不好走，衣着单薄的李嘉诚被冻得瑟瑟发抖。

两个客家人见李嘉诚是个孩子，就觉得他好骗。于是，他们走得很快，企图摆脱李嘉诚，但李嘉诚紧紧地跟在他们后面。他们看甩不掉李嘉诚，便打算将一处别人家的、埋有尸骨的坟地卖给他，两个人还用客家话商量着要怎么把尸骨刨出来，再弄走。

两个客家人以为李嘉诚听不懂客家话，不料，李嘉诚将他们的话听得清清楚楚。李嘉诚很是吃惊，没想到这兄弟两个竟这般黑心，为了挣钱，连入土的尸骨都不放过。

此时的李嘉诚想到父亲一生光明磊落，一身正气，他是绝对不会同意将自己安葬在这里的，但是这两个黑了心的兄弟一定不会再将买地的钱退给他了。

于是李嘉诚做了一个决定，他对那两个客家兄弟说："你们不要挖别人的坟墓了，我不买这块地了。"他决定再重新筹钱，去找新的墓地。

这次买地葬父的经历让李嘉诚深切感受到了人生的艰难，也看到了人性的善恶，从而更加坚定了未来自己一定要做好人、走正道的决心。

父亲的话犹在耳旁，做人的道理和原则李嘉诚也始终铭记在心中，莫敢违背。在此后的人生之路中，李嘉诚一直坚守着做人的原则：坚定立场，诚信正义。

"君子有所为亦有所不为"，这句话在李嘉诚的身上得到了充分的体现，他曾多次表示"只赚该赚的钱，不该赚的钱他分文都不会取"。

1997年，金融风暴席卷整个香港，香港的经济受到了很大的冲击，房地产、股市纷纷暴跌，整个香港人心惶惶。

国际对冲基金及大炒家多次利用股市冲击港元联系汇率及期指市场，以牟取暴利。当时也有人建议李嘉诚借取股票在市场抛售，借以增强股售压力，加速股市崩溃，谋取利益。

据估算，如果长江实业当时肯抛出股票，就可以轻松获得10亿港元的利润，但是李嘉诚没有同意，他认为这种做法会对香港经济带来很大的损害，这样的不义之财他不会赚。

当一桩生意与自己心中的道义原则发生冲突时，李嘉诚宁愿牺牲赚钱的机会，也不做昧良心的事。他有自己的原则：赚钱经商，做事做人都要对得起自己的良心。

李嘉诚曾说："在一个商业社会，当然是赚得越多越好，假使有一项赚钱的事业非常吸引人，前景还好得不得了，法律又允许，这个事业就可以做。但如果这样的事业在我的心中带有疑虑，我情愿牺牲。"

李嘉诚对自己有一个约束，并不是所有赚钱的生意他都做，如果有的生意对人是有害的，即使社会允许，他也不会去做。

李嘉诚曾在加勒比海的一个国家投资了酒店、飞机场、高尔夫球场等，成为那里最大的投资商。当地政府为了感谢他，就送给他一份大礼，那是许多商人都梦寐以求的赌场牌照。面对这个礼物，李嘉诚拒绝了，他这样说道："酒店客人要去哪儿我不管，但是我的酒店绝不设赌场。"

李嘉诚做事，总是将"正"字放在最前面，有明确的原则和立场。

著名股票专家李克华也曾表示，只赚研究透彻的股票的钱，不赚没有研究透彻的股票的钱；只赚该赚的钱，不赚不该赚的钱。赚钱也要理智，有原则，取得财富的方式有很多种，通过自己的努力、奋斗、聪明才智，以正当的方式获取的钱财才是取之有道的。

李嘉诚曾说："一个有使命感的企业家，在捍卫公司利益的同时，应当更注意努力通过正直的途径谋求良好的成就，正直赚钱最好。"

如果没有原则的考验，一个人简直不知道自己是不是真的正直。做生意，首先要会做人，而做人最要紧的是对道义和原则的坚守，不论在什么情况下都不违背自己的原则和道义，这才是一位真正伟大的商人。

有能力游回来，才会到对岸去

> 　　我凡事必有充分的准备然后才去做。一向以来，做生意
> 处理事情都是如此。例如气象台说天气很好，但我常常问我
> 自己，如五分钟后宣布有台风，我会怎样，在香港做生意，
> 亦要做好这种心理准备。

　　李嘉诚曾经说过："我的泳术很普通，扒艇也很普通。如果我要
到达对岸，我要确信我的能力不是仅可扒到对岸，而是肯定有能力扒
回来。如果我游泳去对面沙滩，我不会想着游到对面沙滩休息，我要
预备自己游到对面沙滩，立即再游回来也有余力，我才开始游过去。
在事先，我会常常训练自己，记录钟点和里程，充分了解自己才去做。"

　　作为企业领导人，未攻之前，一定先要守，即使有百分之百的力
量足以办成事，也要储足百分之二百的力量才去进攻，而不是随便就

去尝试。赤手空拳是没有办法成大事的，为了事情能够圆满成功，李嘉诚经常会做出超出事情本身很多的准备工作。

20世纪50年代的时候，李嘉诚已经在一家塑胶公司积累了很多关于塑胶方面的经验，凭借着自己的勤奋和努力以及自己多年来积累的经验，李嘉诚成为该塑胶公司的总经理，那时候他才二十二岁。

二战以前，香港的经济结构以单一的转口贸易为主，基本上没有工业。二战结束后，很多人拥入了香港，从而为香港带来了大量的资金和劳动力，香港也渐渐繁荣起来，成为"世界工厂"之一。

在这样的情势下，李嘉诚决定开办长江塑胶厂，刚开始资金不足，于是，李嘉诚就东奔西走向朋友和同事借钱，加上自己多年积攒下来的钱，一共五万港元，从而走上了创业之路。

长江塑胶厂成立之初，李嘉诚为了节省开支，就找了一个租金比较便宜的货仓做工厂。之后，他们又添置了机器。刚开始的时候，李嘉诚并没有发现问题，但在开业不到两个月的时候，有一次，香港连续很多天下暴雨，由于货仓本来就比较破旧，几天下来，货仓开始漏雨，刚进的机器全部都被水给淹坏了，损失非常惨重。

看到这种情况，李嘉诚心里非常难受，但是，他并没有怨天尤人，而是思考造成这种情况的原因，想着以后做事情的时候，一定要将各个方面都考虑周到，不能再出现这样的情况。

也就是因为这样一件事情，李嘉诚非常注重提前布局。后来李嘉诚买游艇的时候，就在游艇上面准备了两个引擎、两台发电机和一只有马达的救生艇，以防止突发状况的出现。

李嘉诚能够取得现在的成就，与他凡事都多一份准备有莫大的关系。在商海中打拼了这么多年，李嘉诚总是说："我凡事必有充分的准备然后才去做。一向以来，做生意处理事情都是如此。例如气象台说天气很好，但我常常问我自己，如五分钟后宣布有台风，我会怎样，在香港做生意，亦要做好这种心理准备。"

在创业初期，很多经营者都会遇到举棋不定的情况，无法正确判断形势，从而做出错误的决定。李嘉诚却极少犯这样的错误，他靠塑料花起家，之后慢慢发展，周旋于好几个不同的领域做生意。但每进入一个领域，他都提前做好准备，掌握最准确、最新的资料，绝不会为了一时的利益盲目跟风。

在李嘉诚刚进入房地产业的时候，楼花、按揭等营销方式已经出现了。那个时候，李嘉诚并没有贸然行动，而是冷静地研究了楼花和按揭等营销方式。最后他制定了三条规定：一是宁可不建新楼，也不卖楼花；二是不向银行贷款；三是物业只租不售。

之所以这样规定，是因为李嘉诚认为地产商的利益与银行休戚相关，地产业的盛衰直接影响到银行的利益。地产商过多地依赖银行，未必就是好事。因为有了这些规定的限制，在很多机遇面前，李嘉诚都以一种保守的姿态不轻举妄动，而这也让他损失了不少。

于是，李嘉诚身边的人都纷纷劝他："你怎么胆子这么小？大家都在做了，你不做，以后就没得做了。"但是李嘉诚却不为所动，依旧认为自己准备不足，绝不能蹚这浑水。面对众人的质疑，他依旧坚持己见。

1961 年 6 月，"廖创兴银行挤提风潮"爆发，这个事件直接导致其创始人廖宝珊脑溢血死亡。廖宝珊在当时可谓"西环地产之王"，为了快速发展地产，他几乎将存户的存款全部掏空，用于地产开发中。这也间接地引发了存户挤提风潮的发生。

一个企业的领导人做任何决定的时候，都要事先做好充分的准备。即使有百分之百的把握，也要做好遇到突发情况能够及时处理的准备，不要一味地往前冲。在准备开拓其他领域的时候，首先要守好自己当前的领域，要有足够多的积累和准备的时候，再去考虑开展更大的业务。

盲目乐观，不准备好就出发，不准备好就行动，以为某行业大有可为而不加以研究分析，或不顾自己实力去做，很可能会遇到风险。

企业家对市场未来趋势的预测，有赖于自身的经验和判断力，经验有不合适的时候，判断也有失误的时候，因此，尽管有经验和判断力，我们仍需要做好预测，依赖有效的信息将风险降至最低。

准确来说，我们在预测市场的时候，首先要有完善的、充分的、准确的资料，在此基础上细心分辨，抓住其中隐含的有潜力的信息，确定自己的经营项目和经营方向，进而确定服务形式或产品，然后再量力而行，根据自身的能力——包括技术水平、资金储备、人力等因素而综合分析再抉择。

风险并不可怕，可怕的是不加分析地贸然行动。

李嘉诚在做生意的时候总是提前做好准备，绝不会贸然行事、盲目跟风，这使他规避了很多风险，做出了很多正确的决策，获得了很多的收益。但凡是取得巨大成功的人士，在面对一件事情的时候，一般都会将事情进行反复思量斟酌，做好一切准备，然后再行动。

无论做什么，都要先想到失败

你一定要先想到失败，从前我们中国人有句做生意的话"未买先想卖"。你还没有买进来，就应该先想怎么卖出去，你应该先想失败会怎么样。

"物极必反""盛极必衰"，世界上的任何事物都不可能一直处于美好的状态中，都会有衰败的时候。花朵有盛开的时候，自然就有凋谢的时候；树木有发芽的时候，也有枯萎的时候。做生意亦是如此。

生意人，首先要懂得"避险"，只有企业不倒，才有赚钱的可能。在成功的时候，不要忽略即将到来的危机，要懂得居安思危，未雨绸缪。

在商场中，没有永远不变的市场，也没有永远都赚钱的生意和项目，要想长久盈利，就必须在公司不盈利之前，想到一个可以替补的盈利项目，而这就需要领导者要"居安思危，未雨绸缪"。

做生意，最关键是赚钱，当然生意做得越大，也就意味着赚得越多。要想将生意做大，就要时刻关注市场中可能发生的变化，以及变化可能会带来的危机。

在危机出现之前，领导者应该根据市场情况开发、研究新的产品，找到新的营销方式以适应市场的变化，从而化解危机；如果一个人没有"居安思危，未雨绸缪"的意识，那么，在危机出现的时候，他就不能很好地带领公司以及员工冲出困境，最后也会因为领导者个人思想和行为的落后而使企业陷入困难的境地，甚至导致公司破产。

李嘉诚的一生在很多领域都取得了辉煌的成绩。刚开始创业的时候，李嘉诚看中了塑料的发展前景，于是创立了塑胶厂，生产塑胶玩具和塑胶花，这是李嘉诚商业的起步，此时，他取得了很好的成绩。

面对塑胶花产业的成功，李嘉诚并没有止步于此，而是不断地观察市场的变化趋势。后来，他发现塑胶行业的前途十分有限，就没有一直坚持只做这种产品，而是快速做出决定开始转战到房地产市场。

在房地产上，李嘉诚大赚了一笔。1990年，在房地产市场越来越炎热的时候，李嘉诚又急流勇退，因为他发现房地产市场中也存在着一定的隐患和危机。

此时，他又看中了电讯、基建、服务领域的发展前景，他通过对各种资料进行市场分析，然后将自己旗下的一些物业果断售出，又开始在这些领域内投入资金。

而在那个时候，电讯、基建、服务领域还没有发展起来，与房地产行业的火热程度根本无法相提并论，但因为李嘉诚及早发现了炙热商机中隐藏的危机，及时转换了方向，才使两大集团避开了亚洲金融风暴所带来的毁灭性打击，在大多数人都面临破产的时候，李嘉诚的事业发展却蒸蒸日上。

"居安思危，未雨绸缪"是李嘉诚经商之道中非常重要的一条。

当李嘉诚取得了重大成就的时候，他从来都不是"大唱高歌"，而是更加深入地观察、分析成功背后隐藏的危机。当他发现危机的时候，他绝不恋战，且会及早转战寻找更有商机的领域，规避风险。

李嘉诚在接受《全球商业》和《商业周刊》采访时说："你一定要先想到失败。从前我们中国人有句做生意的话'未买先想卖'。你还没有买进来，就先想怎么卖出去，你应该先想失败会怎么样。因为成功的效果是 100% 或 50% 之差别根本不是太重要，但是如果一个小漏洞不及早修补，可能带给企业极大的损害，所以当一个项目发生亏损问题时，即使所涉金额不大，我也会和有关部门商量解决问题，所付出的时间和以倍数计的精神都是远远超乎比例的。我常常讲，一个机械手表，只要其中一个齿轮有一点毛病，你这个表就会停顿的。一家公司也是，一个机构只要有一个弱点，就可能失败。了解细节，经常能在事前防御危机的发生。"

危机随时随地都可能出现，这就要求我们要时刻准备好面对它，解决它。多思虑并不是多此一举的事情，很多时候，考虑周全一点能够在关键时刻力挽狂澜，尤其是在竞争激烈的商场中，必须小心谨慎，不然就会损失巨大。

作为商人要不断学习，不断寻找新的发展商机，把握商机并采取行动，及时调整企业的市场规划，这样才能获得利润，不断取得成就。

李嘉诚现在所取得的成就是很多人所不能企及的，即使他已取得如此成就，但是他仍不愿停止前进，心中时刻揣着危机感，并希望通过不断学习新的知识来获得更大的进步。在塑胶厂创办初期，李嘉诚虽然每天都忙得不可开交，但他从不会忘记给自己"充电"。

李嘉诚认为塑胶业的发展非常快，新原料、新设备、新产品、新款式不断涌入市场，如果不与时俱进，势必会落伍。所以，他一边忙着厂子里的事情，一边还要不断学习新知识，学习的习惯一直保持了很多年。不管多忙，李嘉诚每天晚上都会读半个小时的书，看商业报纸，了解最新动态，寻找新的商机。这也使他具有了敏锐的市场洞察力，所以，他才能在一次次的危机面前，提前做好准备，并幸运地躲开"暗礁"。

对于任何市场和产品，李嘉诚绝不会盲目地否定或赞同。他认为，在这个急剧变化的商场上，没有什么是经久不衰的，凡事"物极必反"。因此，他时刻都保持着危机意识，勤于学习，善于发现。

李嘉诚说："我的成功之道是肯用心去思考未来，当然成功的概率较失败多，且能抓住重大趋势，赢得巨利，便成大赢家。"

对于一个行业来讲，市场是千变万化的，存在饱和与相对饱和的状态，只有能够清楚地认知，具备危机意识，时常进行观察思考，转变战略方法，大胆实行，才能获得相应的财富。

在这个新生事物层出不穷的时代，相伴着众多机遇的产生，随之而来的是一个又一个的危机。作为一个商业人士，就要时刻关注、学习，适应时代的变化和市场的需求，看到商机的时候也要看到其携带的危机，并懂得规避危机，这才是一个成功商人所必须具备的能力和素质。

人们将李嘉诚称为"超人"。李嘉诚坦言，他的成就来源于不断学习知识，发现商机，在取得重大成就的时候，也时刻保持清醒的头脑，具有危机意识。因此，商人要时刻注意市场变化，否则就算自己已经取得了很大的成就，也可能因为一次的决策失误，面临危机。

既要敢于冒险，又要谨慎行事

> 不敢说一定没有命运皆相背时，假如一件事在天时、地利、人和等方面皆相背时，那肯定不会成功。若我们贸然去做，失败时便埋怨命运，这是不对的。

美国杜邦公司创始人亨利·杜邦说过一句话："危险是让弱者逃跑的噩梦，危险也是让勇者前进的号角。"

弱者遇到风险，选择后退，而强者则会通过风险寻找成功的契机。人生没有万无一失的成功之路，在这些路途中，总会有不可预料的风险发生。在现实生活中，很多人不敢冒风险，他们宁可选择安逸的生活，也不愿去冒险，他们会将很多危险和苦难规避，与此同时，他们也会失去很多机遇。强者将敢于冒险当作是一种资本，所以他们中有很多人取得了成功。

在麻醉药发明之前，医生们坚信手术中没有疼痛是不可能的；在原子弹发明之前，科学家相信原子是不可能分裂的；在飞机发明之前，科学家认为飞行是不可能的；在蒸汽机发明之前，拿破仑满腹疑惑地对富尔顿说："你脑子没有出问题吧？先生，你要在甲板下生起一团火，让船在水里航行，而火不熄灭？对不起，我可没时间听你胡扯！"

在莱特兄弟发明了飞机之前，没有一个人相信他们的行为是有结果的。当时有很多人告诉莱特兄弟，他们的行为是既幼稚又愚蠢。因为那看起来"很拙"的装置，肯定是飞不起来的。

莱特兄弟的父亲也断言人类永远不可能翱翔天际，他说："如果上帝肯让我们飞上青天，早就赐予我们一双翅膀啦！"但是没想到，这两个"不肖子"以具体行动推翻了自己老爸的那句话。如今人们是可以飞到太空中的。

失败者与成功者的最大差距是：是否有胆量去做一件大多数人不敢做的事。现实中，许多人总是在憧憬，在幻想，却迟迟不见他们的行动。在做的过程中，失败者往往会找种种借口说自己做不到，实际上，任何事情只有杜绝了借口，才有成功的可能。失败，是因为借口太多。有计划而不去执行，其结果只能是一无所成。想要成功，一定要敢想，而且更要敢做。

创业至今六十多年，李嘉诚虽历经多次经济危机，但没有一年亏损。1999 年，他被《福布斯》评为全球华人首富，并蝉联这一宝座十五年之久。如今，他的商业版图遍布全球五十二个国家，从事的产业横跨通信、基建、港口、石油、零售等多个领域，集团员工超过二十六万人。

客观地说，李嘉诚后期的投资行为是带有冒险性的，说是"赌博"也未尝不可。但是，李嘉诚的赌博是建立在对全球经济政治形势的密切关注和精确分析之上的。

"稳健中不忘发展，发展中不忘稳健。"这是李嘉诚一生中最信奉的财富圣经。数十年来的财富朝圣路上，他始终将此话铭记于心。

投资都是有风险的，但是如果谨慎行事，对市场中的各种变化能够进行精确的分析和研究后再根据自己的能力来做事，就能有力地规避风险。

在做房地产的时候，李嘉诚从来不会因为今日楼市好，便立刻买下很多地皮，也不会因为明日楼市不好，就疯狂地抛售房屋。他总是能从全局出发，适时做出调整。

李嘉诚身边的人都表示：李嘉诚每做一个决定的时候，都会跟自己的经理们商量，经过商量，然后分析决策是否正确，有没有什么纰漏。大家讨论过后，一旦有了决定，员工不管遇到什么困难都要不遗余力地坚定执行。

1967 年，香港爆发大规模移民热潮，办理移民的半数以上都是香港的富人。他们纷纷将自己的房产以低价抛售，人们都去买便宜的二手房，新建的楼房卖不出去，整个地产市场中"卖房的多，买房的少"，香港地产不容乐观。这就使得很多地产商、建筑商们坐立难安、食不下咽，于是，很多企业家都纷纷低价卖掉手中的地产，去国外发展。

　　李嘉诚也投资了房地产，此时的他也整日忧心忡忡，但他并没有慌乱或盲目跟风，而是用更长远的眼光来看待问题，冷静思考、沉着应对。他通过从不同渠道获得的内地消息，分析香港房地产的发展情况，基于事物发展乱极则治，否极泰来的规律判断：香港房地产动荡的局势只是暂时的，不会持续太久，香港是当时内地对外贸易的唯一通道，香港的现状会趋于缓和。于是李嘉诚做出"人弃我取，趁低吸纳"的重大决策，将这次的危机转化为自己的发展机遇。

　　李嘉诚没有像大多数人那样抛售房产，而是反其道买下大量移居国外的港人低价售出的住宅、商铺、酒店，翻新后重新出租。他这么做有很大风险，有人讽刺李嘉诚在赌博，也有人等着看他的笑话。面对嘲笑，李嘉诚都不为所动，只做自己该做的事。

　　1970 年，香港地产市场渐渐好转，房地产的经济效益越来越乐观。这时，李嘉诚已经积累了大量的收租物业，他的收租物业已经达到 35 万平方英尺，每年可获得的租金收入即达 390 万港元。

　　在这场地产危机中，李嘉诚承受着各方的压力，依然坚守自己的判断决策，他敢于冒险的胆识与魄力令人敬佩。在四周的非议与现实的困境中，李嘉诚审慎分析局势，看到了在曲折黑暗之后的宽广大道，他的确是个"超人"。

　　外人都把李嘉诚视作"超人"，而他则坦言："不敢说一定没有命运皆相背时，假如一件事在天时、地利、人和等方面皆相背时，那肯定不会成功。若我们贸然去做，失败时便埋怨命运，这是不对的。"

　　冒险是成功的前提，审慎是成功的保障。李嘉诚一贯坚持审慎的作风，但纵观他一生的创业之路，不难发现，冒险也一直贯穿于他成功的道路中。

在商机面前，李嘉诚敢于冒险，但是在冒险之前他会全盘分析利弊，审慎决策之后再行动；在危机面前，他审慎行事，绝不贸然出手，他不是没有胆魄，而是秉着一颗责任之心，以保全局。

很多人只看到了李嘉诚的财富版图遍及全球，却不知道即便是超人，在全球化过程中也会遇到挫败。对李嘉诚来说，知难而退是家常便饭，这其实体现了他审慎的做事理念。做大事的人对于未知的领域敢于冒险，但是有智慧的人能够冒险而不激进，能够大胆而不盲从。

Chapter 3

进步要创新

—— 愚人见石，智者见泉

经商之人拼的是智力，而非蛮力

> 我的小智慧是环境逼出来的，我花一点点钱，就可买来半新的旧教材，学完了又卖给旧书店，再买新的教材。就这样，我既学到了知识，又省下了钱，一举两得。

李嘉诚在商海沉浮数十年，却始终屹立不倒，这与他的经商智慧有很大的关系。做生意最重要的是要有脑子，李嘉诚虽然出身书香之家，却没有书呆子的迂腐，反而处事活络，办事方中有圆，圆中有方。而他的经商智慧在少年时就已初露端倪。

因为家境贫寒，年幼的李嘉诚不得不辍学打工，但是，他的内心当中始终充满了对知识的敬畏和渴望，而且这个念头从未减弱过。直到后来功成名就，李嘉诚仍然说自己最尊敬读书人。

小时候的李嘉诚是一个心高气傲的人，虽然没有钱买书，但他也不愿意向别人借书，可他又是那么想读书。于是，他就在同学们用过的旧书上动起了心思。

经过李嘉诚的细心观察，他发现很多学生将用过的教材当垃圾扔掉了。同时，他还发现有一些学生会将旧教材卖掉换钱，虽然卖的钱不多，但是比扔掉强，这时候李嘉诚的心里就产生了一个大胆的想法——回收旧书，读完之后再卖出去。

李嘉诚想，既然有人收购旧书，就肯定有专做旧书生意的书店。于是，他就四处打听，希望能找到这样的书店。经过一番寻找，李嘉诚总算找到了卖旧书的地方。

这次，李嘉诚显示出非同常人的智慧，他先到折价书店廉价买来两本旧教材，学完之后，又拿回折价书店去卖，再用卖旧书的钱买"新"的旧书来看。当李嘉诚回忆起当年他买旧书来学习的情景时，他脸上的表情比现在赚了几亿港币还自豪。毕竟，那是他童年时的骄傲啊！

李嘉诚说："先父去世时，我不到十五岁，面对严酷的现实，我不得不去工作，忍痛中止学业，那时我太想读书了，可家里是那样穷，我只能买旧书自学。我的小智慧是环境逼出来的，我花一点点钱，就可买来半新的旧教材，学完了又卖给旧书店，再买新的教材。就这样，我既学到了知识，又省下了钱，一举两得。"

我们不得不承认李嘉诚从小就具备了商人的头脑和智慧。

李嘉诚在收购和记黄埔集团的时候，也将自己的才智发挥得淋漓尽致。那时候，香港还是英国的殖民地，祈德尊家族、怡和凯瑟克家族、太古施怀雅家族、会德丰马登家族并列为英资四大家族。

和记黄埔集团由和记洋行和黄埔船坞两部分组成。和记洋行是当时香港第二大洋行，又是上市公司。在第二次世界大战后，和记洋行落入了祈德尊家族之手。趁着从 1969 年到 1973 年股市疯长的势头，祈德尊开始收购其他企业，旗下公司有 360 家，其中有 84 家在海外。祈德尊家族还投资房地产，在香港大兴土木，风头之劲，一时无两。疯狂的收购导致企业尾大不掉，消化不良，经营效益越来越差。

1973 年，香港的股市频跌，接着又出现石油危机，加上地产又不景气，和记黄埔的形势岌岌可危，财政年度亏空达 2 亿港元。后来，汇丰银行以和记出让 33.65％的股权为条件，注资 1.5 亿港元，成为和记黄埔的最大股东。后来，和记又请来"公司医生"韦理，但这并没有扭转和记黄埔亏损的局势。

此时，李嘉诚便"乘虚而入"，他放弃了本要争取的九龙仓，将矛头对准和记黄埔。李嘉诚知道，和记黄埔下属的各个公司都是刚收购不久的，各股东之间并不团结，只要能让他们摆脱眼前的危机，给他们一些利益，他们绝不会反对华人入主和记洋行的。

根据银行法，银行不能从事非金融性业务。债权银行可接管丧失偿债能力的工商企业，一旦该企业经营步入正常轨道，必须将其出售给原产权所有人或其他企业，而不能长期控有该企业。李嘉诚明白，汇丰控制不了和记黄埔多久。

当李嘉诚得知"待和记黄埔财政好转之后，汇丰银行会选择适当的时机和适当的对象将所控的和记黄埔的大部分股份转让出去"这个确切的消息后，他决定收购和记。

当时李嘉诚的长江实业只有 6.93 亿港元，而和记黄埔市值 62 亿港元。长江实业根本咽不下和记这只大象，所以李嘉诚打算借助汇丰之力来吞并和记黄埔。李嘉诚放弃收购九龙仓的股票，转而与包玉刚合作。

包玉刚当时经营的范围很广，包括船务、码头、港口、地产等。李嘉诚希望包玉刚能够帮助他促成汇丰银行转让 9000 万股和记黄埔股票给长江实业。李嘉诚深知包玉刚与汇丰的两任当家桑达士和沈弼交情深厚。而包玉刚能成为香港的船王，一半靠自己努力，另一半靠的就是汇丰的支持。李嘉诚曾多次接触沈弼，早已摸透了汇丰的意图：售股是希望放手后，和记黄埔能够被好好经营，慢慢步入正轨。

于是，李嘉诚就拉拢包玉刚，并让包玉刚去说服沈弼。李嘉诚知道只要让包玉刚出马，收购和记黄埔算是成功了一半。最后，李嘉诚成为和记黄埔董事局的执行董事，韦理任主席兼总经理。

李嘉诚一箭三雕，既成为和记黄埔的股东，又把自己不便收购的九龙仓让给包玉刚去收购，赢得了包玉刚的心，可谓非常聪明。

其实，李嘉诚将九龙仓让给包玉刚并不真的是让他捡了一个便宜，其实九龙仓这块肉一点都不好吃。因为九龙仓属于家族性公司的怡和系，包玉刚收购九龙仓，凯瑟克家族及其代理人必会以牙还牙，殊死一搏反收购。包玉刚收购九龙仓，代价沉重，实际上与怡和打了个平手。怡和在港树大根深，收购九龙仓，必有一番血战恶战。

李嘉诚收购和记黄埔的股票后，股市急升 25.69 点，成交额达 4亿港元，由此足见李嘉诚的魅力。但李嘉诚并未就此罢手，而是在股市中继续收购和记黄埔的股票。到 1980 年 11 月，长江实业及李嘉诚个人所持有的股权已占和记黄埔的 39.6%。

1981 年元旦，李嘉诚被选为和记黄埔有限公司董事局主席，和记黄埔也成为长江旗下的公司。

李嘉诚眼光独到，认清局势，因势利导，凭借"以退为进""以让为盈"的策略，使长江实业凭借着 6.93 亿的资产成功收购了市价高达 62 亿港元的和记黄埔。"超人"李嘉诚以他"四两拨千斤"的智慧，又一次让他在香港的商业大战中成为最大的赢家。

运筹于帷幄之中，决胜于千里之外。商场中的竞争波诡云谲，风云变幻，无一处不存在着风险，蛮干硬拼绝不是商界的生存法则，那只是逞一时之勇。

高手过招，拼的就是智慧。生意人一定要懂得见势借势、借力打力，用智非用强。在自己势单力薄时，一定要学会巧借别人的资源为自己服务。他山之石可以攻玉。合作共赢，才是这个时代强调的真正的成功。

脑子灵活之人，更容易取得成功

> 时代不断进步，我们不仅要紧跟转变，还要有国际视野，掌握和判断最快最准最新的资讯，靠创新比对手走前几步。不愿意改变的人只能等待运气，懂得掌握时机的人更能创造机会。

《孙子兵法》中讲："兵者，诡道也。""凡战者，以正合，以奇胜。"商场如战场，战场上善出奇兵的将领往往能取得胜利。在商场中，打开想象力，快知快明，善于创新的商人才能让自己始终立于不败之地。

李嘉诚曾说："我们这个世界每天都有新变化，始终保持创新意识，用自己的眼光注视世界，而不随波逐流，才有获胜的机会。"

创新是一种能力，而这种能力可以不断推动企业的发展和进步。

在创业的道路上，李嘉诚的创新精神一直是其企业不断发展壮大的原动力。李嘉诚从未忘记创新，坚持依靠自己的才智与勤劳不断在新的领域挖掘商机。

当李嘉诚还是一名推销员的时候，他就认识到了创新的重要性。在做推销员的时候，李嘉诚曾走街串巷，挨家挨户地向别人推销洒水器，他甚至去过很多公司，但是一个洒水器也没有卖出去。

一天早上，李嘉诚早早地来到一家批发市场，想等到公司的员工上班了就和他们好好谈谈，但是等了好久，一直没有员工来上班，只有一名清洁工在一边打扫卫生。李嘉诚脑中灵光一闪，想到我何不用自己的洒水器帮清洁工打扫卫生呢？

于是，他给洒水器装上水，自愿地帮清洁工干起活来。恰巧，批发市场的经理走过来，他看到被打扫得干干净净的地面，觉得李嘉诚的洒水器真的很好用。而此时，李嘉诚也上前递上了自己的名片，最后，这位经理买下了李嘉诚推销的塑胶洒水器。

其实，在李嘉诚还在其舅舅的钟表行工作的时候，他身上的创新意识和思维就已经显露了出来。

李嘉诚在其舅舅的钟表行上班时，他没有因为自己是亲戚的缘故就摆架势，不干活，相反，他特别好学，不肯放过一分一秒的学习时间，总是利用空隙时间跟着店里的师傅学习技术。店里的师傅看他学得这么积极，且谦虚有礼，自然也乐意多教他一些。就这样，不到半年时间，他就可以熟练地安装和拆卸店里面任何型号的钟表了。

从一个什么也不懂的茶楼跑堂的到成为一个样样精通的钟表行店

员，李嘉诚的成长使得其他店员们都对他刮目相看，他的舅舅也暗自感叹，觉得李嘉诚不仅聪明，而且勤奋，是一个可塑之才。于是，他决定让李嘉诚尝试着做一些别的工作。

于是，李嘉诚的舅舅派他到另一家钟表店做店员。在这个钟表店中，李嘉诚将自己的聪明才智以及创新精神充分地展现了出来。

在新的店里，李嘉诚不再是一名小学徒，而是一个对各种钟表的构造都颇有研究的熟练技工。在店里待了一段时间后，李嘉诚发现这家店的钟表，以及钟表的摆放，还有店员的服务都和上一家店是一模一样的，没有任何的新意。

于是，李嘉诚开始思考，怎样才能让他所在的这家钟表店脱颖而出，让店里的生意红火起来呢？他发现，这家店从钟表的质量到店员的服务水平都没有问题，最大的问题在于客流量太小。为了提高客流量，他从当前的业务比例到产品的摆放，到应该怎样和客户沟通，都提出了自己的改进建议。

当时，很多店员都对李嘉诚表示怀疑，认为他提的建议不一定有用，他们纷纷说："你说的这些就一定对吗？其他店都是这样摆的，我们这样做说不定就是白做工！"

李嘉诚不紧不慢地给大家解释道："我们和其他人一模一样，并不能突出我们的优势，我们就是要用别具一格的陈设、服务和管理，来充分发挥我们的特色，使我们的店能够脱颖而出。"

听到他这一番有理有据的话，其他人也认同了他的做法。就这样，这家钟表店在李嘉诚和其他人的努力下发生了改变，到年底，该店成为这片街区人人都说好的钟表店，销售量也自然翻了几番。

商业市场中的竞争紧张而残酷，最怕的就是墨守成规、抱残守缺。经营企业就如逆水行舟，不进则退，如果你不能跟上时代的步伐，不能创新，引领潮流，那你只能被淘汰。

李嘉诚很清楚，想要在商界站稳脚跟，除了要有实力，还要有过硬的技术、高质量的商品以及雄厚的资金，最重要的一点就是要有创新的能力，而这里所说的创新又包括很多方面：经营理念的创新、技术的创新、销售方式的创新。

李嘉诚曾说："时代不断进步，我们不仅要紧跟转变，还要有国际视野，掌握和判断最快最准最新的资讯，靠创新比对手走前几步。不愿意改变的人只能等待运气，懂得掌握时机的人更能创造机会。幸运只会降临到那些有世界观，胆大心细，敢于接受挑战，但是又能够谨慎行事的人身上。传统公司的结构正在大大地变化，企业能否创新、能否标新立异，决定着企业是否具有核心竞争力，是否能取得竞争优势，也决定了企业是竞争中的失败者还是胜利者。"

李嘉诚创办长江塑胶厂也绝不是一时的头脑发热，他是经过深入的考察和缜密的思考后才决定的。

当时，李嘉诚看到社会在不断地进步，人们的生活水平也在不断地提高，与此同时，人们在精神层面和审美方面也有了更高的要求。但是由于生活节奏的加快，忙碌的人们根本不会自己养花，毕竟养花要浇水，又要施肥，还要除草，成本虽然不高，但对于惜时如金的人来说，还是太耽搁时间了，不如放几盆漂亮的假花在家里，美观还能持久存放。

因为有了这样一个想法，李嘉诚决定开始创建塑胶花厂。李嘉诚善于创新，敢想敢干，敢走别人没走过的路子。长江塑胶厂做出来的塑胶花十分受欢迎。李嘉诚也因此赢得了"塑胶大王"的称号。

但是时间久了，人们就厌烦了这种塑胶花，而此时塑胶市场也达到了饱和。这个时候，李嘉诚也看到了塑胶市场的发展窘境，为了开辟新的市场，拓展实业，他又跑到意大利学习新技术，最后创新了塑胶花的技术和种类。

但是，在新型塑胶花上市之前，李嘉诚收到了一个令他心惊胆战的消息：香港的连卡佛国际有限公司已经和意大利的维斯孔蒂塑胶厂签订了销售塑胶花五千束的合同，而且这批塑胶花近期会在连卡佛所有的连锁店中同时展销。

听到这个消息后，李嘉诚立刻决定提前展销自己的塑胶花，不与意大利的维斯孔蒂塑胶厂生产的塑胶花一起上市。还有一点是，意大利的塑胶花走的是高端路线，面向的是高端人群，所以价格不菲。

为了避开高端路线，李嘉诚决定改变路线，让新型塑胶花以物美价廉的优势立足香港。此时，李嘉诚又创新了营销策略，以"以销促产""低价位多销点"的销售策略迅速占领香港的市场。

李嘉诚开发、生产的新型塑胶花技术含量高，花式新颖，投放到市场后，受到了消费者的一致喜爱，刚上市就被抢购一空。而意大利的塑胶花虽然质量好，但是价格昂贵，花样又不适应香港人的口味，因此反响并不是很大。

　　与此同时，这种新型的塑胶花也引领了一股新的时尚潮流，使长江塑胶厂获得了很多的客户，并为其赢得了数以千万港元的利润。李嘉诚这次也算是赚得盆满钵满。

　　因此，企业的经营者，一定要具有很强的灵活性，要随着局势的变化来改变自己的经营思路和经营策略。作为一代商界领袖，李嘉诚一直奉行"人无我有，人有我转"的经营理念，发散思维，勤于思考。正因为如此，他才最终成为一代富商。

　　菲律宾的首都马尼拉有一家非常有名的餐厅——侏儒餐厅。这家餐厅从老板到服务员清一色的是身材矮小的侏儒，他们的身高最高不过 1.30 米，最矮的才 0.67 米。这种奇特的服务模式，吸引了许多游客，于是，餐厅里的生意非常红火。

　　其实，这家店刚开业的时候，也和其他的餐厅一样，招的都是俊男美女做服务员，但这样常规的做法并没有招揽到什么生意，小店总是门庭冷落，顾客寥寥。面对这样的情况，老板天天搜肠刮肚想方法，直到一天，老板在街上看到一个脑袋大、身材矮小的侏儒，觉得十分可爱，于是就想到一个好主意：开家侏儒餐厅。

　　说干就干，餐厅老板马上找了许多矮小的侏儒，让他们做厨师、收银员、跑堂、迎宾小姐。只要有顾客来到店里，头大身小的服务员就会热情地走上去迎接，当客人坐下后，又有滑稽可爱的服务员送上菜单。由于餐厅的经营风格很独特，很多人都慕名而来，到餐厅用餐，很快侏儒餐厅便名扬国内外。

其实，餐厅老板的做法不仅为自己赚了钱，最重要的是，他也解决了一些侏儒的就业问题，让这些侏儒也找到了自己的价值所在，可谓是一箭双雕。

创新，其实没有想象中那么难，只要换一种思路，改变一下方式、策略，就能收到意想不到的效果。创新的关键就是打破常规，不走老路子。

胸有大志，一切艰难困苦都是浮云

先父曾与我谈到久盛必衰的道理。我常以此验证世间发生的事情，且屡次都有效。

1988 年第四期香港《星岛经济纵横》对李嘉诚的评论是："李嘉诚发迹的经过，其实是一个典型的青年奋斗成功的励志式故事，一个年轻小伙子，赤手空拳，凭着一股子干劲，勤俭好学，刻苦耐劳，创立出自己的事业王国。"

1950 年，22 岁的李嘉诚已经是塑胶裤带公司的总经理，但他并不满足于现状，他梦想着创立一家属于自己的公司。于是。他辞职，踏上了创业之路。

创业之初，李嘉诚的资金有限，为了能够打开创业的路子，他硬着头皮四处借钱，最终在香港的中心北岸之东——筲箕湾，找到了一家旧厂房，在这里，李嘉诚开办自己的第一家塑胶工厂——长江工业有限公司。

建厂之初，困难重重，资金不足，李嘉诚只能用已经淘汰的旧机器进行生产。人手不足，李嘉诚又身兼数职——设计、财务、生产、后勤，事事亲力亲为。那时，他每天都要工作十几个小时，还要抽时间学习做账。厂里的工人又都是门外汉，他只有手把手地教他们。为了能让工厂正常地运转，他每天都忙得不可开交，和工人们同吃同住，几乎把自己"埋"进了厂里。

功夫不负有心人。经过一番努力，长江塑胶厂终于生产出了第一批塑胶产品，而且很快就卖了出去。接着，长江塑胶厂的订单像雪片一样飞来。为了完成订单，工人们日夜赶工，加紧生产，资金也慢慢得以回笼。但由于工厂的机器都是旧的，工人也都是农民出身，对塑胶生产技术也不很精通，工厂又采用了批量生产的模式，这些都为工厂的发展埋下了隐患。

正当李嘉诚意气风发之时，他却遭遇了一场灭顶之灾，一家客户宣布他的塑胶产品质量差，做工粗劣，要求长江塑胶厂退货。这件事给了正沉浸在成功喜悦中的李嘉诚当头一棒，继而又有客户拒收产品，接着原料商们纷纷上门要求结账还钱，有的原料商甚至扬言"要在业界宣扬李嘉诚赖款丑闻"。银行也闻风而至，催李嘉诚还贷。一时间，长江塑胶厂面临着倒闭的危机。

一个又一个的风波让李嘉诚彷徨无措，透不过气来。但是他没有放弃，在母亲的安慰下，他重新鼓起勇气，面对所有的挫折。李嘉诚坚信自己的梦想一定会实现，一切的磨难险阻都只是暂时的。

　　李嘉诚决心从哪里跌倒就从哪里爬起来，誓与长江塑胶厂一起克服所有困难和危机。此时，李嘉诚采取了一系列的补救措施。首先是裁员，向员工说明情况，并承诺如果厂子状况好了，还请他们回来；然后将不合格的产品召回重造，一般产品就卖给收旧货的批发商；最后，联系所有合作的原料商、客户、银行，一一登门拜访，真诚地道歉认错，保证欠款定在宽限期内偿还。

　　李嘉诚的诚意终于打动了所有人，为自己赢得了时间，资金逐步回笼，而长江塑胶厂也逐步恢复了正常生产。当工厂恢复运转的时候，李嘉诚又信守承诺，将之前裁掉的员工又请了回来。

　　李嘉诚立志要将长江塑胶厂打造成一家实力雄厚、有自己风格的特色工厂，这是他当时的目标，也是他当时的梦想。为了实现自己的梦想，李嘉诚重新设计模具，改良机器，争取更加精细化地生产产品。

　　此时，李嘉诚决定将台湾作为新的市场，并亲自去台湾推销自己的塑胶儿童玩具。在台湾，李嘉诚推销的塑胶玩具很受小朋友的喜爱，且十分畅销。塑胶儿童玩具为长江塑胶厂赢得了很大的效益，很快，长江塑胶厂就在香港三百多家同行中脱颖而出。与此同时，1955 年的冬天，李嘉诚还完了所有的贷款和欠款。

　　艰难困苦，玉汝于成。从 1950 年到 1955 年，五年的时间，李嘉诚凭着自己不服输的韧劲，咬牙硬抗的拼劲，成为一名真正的老板，也让长江塑胶厂成为香港企业中的佼佼者。

　　李嘉诚曾说："追求理想是驱使人不断努力的最主要因素。"

立大志者得中志，立中志者得小志，立小志者不得志。一个人想要成功，首先要树立远大的志向。树立一个远大的目标对我们的一生十分重要，只有胸怀大志，才能收获梦想。

目标很重要，志向也很重要，梦想更是不可或缺。对于一个人来说，目标的重要性不可忽视，目标小了，就是任务，目标大了，就是梦想，一个人倘若一生都找不到一个目标，那么他肯定会活得很轻松，但同时，他也肯定活得很没意思，轻轻地来，轻轻地走……

一个有目标、有梦想的人，他必定是一个积极进取的人，永远不会满足于现状，总会有新的目标要攻克，他始终胸怀大志，心有梦想，不达目的誓不罢休。

1971 年，李嘉诚成立了和记地产有限公司，此时，他又为自己树立了一个目标：赶超香港置地集团。新成立的和记地产要超越地产霸主置地，这在很多人看来简直是天方夜谭，而当时所有的人也都认为李嘉诚是在痴人说梦。

置地历史悠久，是 1889 年英国商人保罗和怡和洋行的凯瑟克合资创办的，注册资本为五百万港币，是当时香港最大的房地产公司，被业内人称为"巨无霸"。李嘉诚的手下当时也十分怀疑："置地的实力那么雄厚，长江现在最多可算得上小型公司，我们能赶超他们吗？"而李嘉诚却是斩钉截铁地说："能！"

李嘉诚深知"物极必反，盛极必衰"的道理。面对众人的质疑，李嘉诚解释道："先父曾与我谈到久盛必衰的道理。我常以此验证世间发生的事情，且屡次都有效。置地久居霸主地位，近几年其发展趋势还是有些不尽如人意的地方，势头远不及地产界后起之秀太谷洋行。长江在创业之初，加上借来的资金才有五万元港币，物业也是后来才开始经营的。如果集中发展房地产，我们公司的发展势头会很旺，超越置地也是完全有可能的。"

为了达到目标，李嘉诚制订了详细的计划：首先，学习置地成功的经营经验。以收物业为主，发展物业为次，不求近利，注重长期投资；其次，避其锋芒，不和置地硬碰硬，只涉足边缘化产业，发展周边地区或新型城镇，韬光养晦，待资金充足再与之正面交锋；最后，寻求机会，做好准备，出击时务必一击即中。

人一定要志存高远，敢为人先，只有这样，才能真正实现自身的价值，唯唯诺诺，不敢树立目标的人，终究难成大事。我们不论做什么事情，都要有雄心壮志，立下远大的目标，并愿意为了这个目标克服困难，不断努力。

一个没有志向的人是很难在面对困难的时候迎难而上的。人只有拥有坚定的志向，才可以化困难为勇气，化磨难为力量，在工作中投入百分之百的精力，为实现自己的梦想而努力奋斗。

每一个成功的商人，一定都有远大的抱负和志向，还有过人的胆识和魄力，他们敢说敢做，一旦定下目标，便马上付诸行动。李嘉诚便是一个有胆识、有魄力，敢为他人所不为的人。同时他又能认真谋划，步步为营，以扎实的步伐一步一步向前进，最终他走向了成功的殿堂。我们不得不承认李嘉诚是有勇有谋之人。

勤奋是通往成功的不二法则

在逆境的时候，你要问自己是否有足够的条件。当我自己处于逆境的时候，我认为我够！因为我勤奋、节俭、有毅力。我肯求知、肯建立信誉。

人们总在问："李嘉诚能成功，究竟靠的是什么？"其实答案只有两个字，那就是勤奋。

"我认为勤奋是个人成功的要素，所谓一分耕耘，一分收获，一个人所获得的报酬和成果，与他所付出的努力是有极大关系的，运气只是一个小因素，个人的努力才是创造事业的最基本条件。"在总结成功之道时，李嘉诚觉得自己成功的主要因素就是勤奋。

一个人不论处于何种境地，都不能懈怠，要不断勤奋努力。李嘉诚说："理财致富就是这样，二十岁以前，所有的钱都是靠双手勤劳换来的；二十岁至三十岁之间是努力赚钱和存钱的时候；三十岁以后，投资理财的重要性逐渐提高；到中年时赚钱已经不重要，这时候反而是如何管钱比较重要。"从这句话中，我们可以看出李嘉诚的勤奋，无论在任何时候，都不应该懈怠，都应该积极地去做事情。

李嘉诚一生都在勤奋做事，他这样做的目的就是要不断鞭策自己，让自己做得更好，更完美。李嘉诚说："我十七岁就开始做批发的推销员，就更加体会到挣钱的不容易、生活的艰辛了。人家做八个小时，我就做十六个小时。"

勤奋是一个人成就大业的根本，对于创业之初的人来说，勤奋更是起着至关重要的作用。李嘉诚没有任何先天的优渥条件可以利用，他一生的成就，都是靠着自己的勤奋和坚持不懈的努力换来的，可以说，一个"勤"字贯穿了李嘉诚的一生。

年轻时，李嘉诚曾在自己同乡的店里做工，那时，他什么也不懂，简直就是一个"小白"，但他的同乡老板却说了一句话，这句话让李嘉诚记了一辈子。这句话是：在茶楼做事，千万要做到"二勤一少"才行，一是要手勤，二是要脚勤，三是没有用的废话切勿多说。

在茶楼做工的时候，李嘉诚依旧坚持每天学习，哪怕只得片刻空闲，也要用来读书学习。李嘉诚曾说："当时自己非常清楚，只有我努力工作和求取知识，才是我唯一的出路。我有一点钱我都去买书，记在脑子里面，才去再换另外一本。到我今天来讲，每天晚上睡觉之前，我还是一定得看书。知识并不决定你一生财富的增加，但是你的机会就更加多了，你创造机会，才是最好的途径。"

成名后，李嘉诚曾在香港的电台上接受访问，他曾说："在逆境的时候，你要问自己是否有足够的条件。当我自己处于逆境的时候，我认为我够！因为我勤奋、节俭、有毅力。我肯求知、肯建立信誉。"可以说，勤奋好学为李嘉诚的成功打下了坚实的基础。

李嘉诚在其舅舅的钟表公司上班时，没有了在茶楼做工时那么辛苦，但是他仍没有放松对自己的要求，而是将时间都用在了学习上。同事们下了班喊他一起打牌，他从来不去，因为他要看《辞海》。

李嘉诚曾说："年轻时我表面谦虚，其实我内心很骄傲。为什么骄傲呢？因为同事们去玩的时候，我去求学问；他们每天保持原状，而我的学问日渐提高。"他说自己"不是求学，而是在抢学问"。

鲁迅曾说："哪里有天才，我是把别人喝咖啡的工夫用在工作上的。"人的天分固然重要，但没有勤奋，任何成功也都不可能无缘无故得到。

钱不会没有缘由地跑进你的口袋，也不会没有缘由地跑进李嘉诚的口袋。无论做什么，李嘉诚都是兢兢业业，千方百计想办法把工作做好。不论自己多忙多累，他都坚持学习，提升自己。

人生没有捷径可走，唯有勤奋才是最好的出路。好吃懒做的人永远不可能取得成功，只有勤劳的人才能获得丰收的喜悦。勤奋是优良的品质，更是一种好习惯，勤奋让李嘉诚成为人生赢家。而勤奋也让原一平成为日本的推销之神。

在一次原一平的演讲会上，有人问六十九岁的原一平他推销产品的秘诀是什么？原一平听后并没有说话，而是当场将提问的人请到讲台上来，对他说："请你摸一摸我的脚底板。"

　　提问者摸了摸，然后十分惊讶地说："您老的脚底板的老茧好厚啊！"原一平对在场的所有人说："因为我走的路比别人多，跑得比别人勤，所以脚茧也特别厚，这就是我成功的秘诀。"在场的所有人听后都陷入沉思。

　　这个故事也是李嘉诚回答记者提问推销诀窍的问题时讲的。他曾对记者说过："我没有资格让你摸我的脚底板，但我可以告诉你，我脚底的老茧也很厚。"

　　勤奋是通往一切成功之路的不二法则，成功不会自己来敲门，勤奋才是叩响成功之门的敲门砖。人生只有靠勤奋才能赢得知识与财富，不论学习、工作、生活，还是创业，勤奋都是你收获成功的秘诀。

别人恐惧时学会贪婪，别人贪婪时学会恐惧

> 当一个生意有80%人都知道做的时候，你千万不要去做；当一个生意有20%的人知道做的时候，你可以去做，但需要努力了。当一个生意只有5%的人知道的时候，你可以去做并且很容易获得成功，因为这就是时机，就看你是怎么把握。

李嘉诚说："如果有人认为我得到了叫作成功的东西，那是因为我走了人家不敢走的路，尤其是走了与人家相反的路。"

有些商人，奋斗一生却毫无结果，而有些商人随便一做却取得了巨大的成功，这其中最关键的原因就是对"随波逐流"的掌控度。市场风云千变万化，一旦出现热门商路，很多人就会趋之若鹜，一哄而上，跟着干。聪明的商人很清楚，一种商品或者项目，其市场容量是有一定限度的，太多人热衷于一门生意的话，市场就会出现饱和，对

于商人来说，就没有钱可赚了。

经商之人想成功，这是自然的事，但是想成功，就一定要有一个好项目。如果能遇到一个好项目当然是好的，怕就怕好项目如同一块石头，一石激起千层浪，喝不到水，反弄得一身湿。

做生意，必须随着市场的变化而及时调整经营策略，灵活应对。因此，李嘉诚还有一个投资原则——不为最先。也就是说，在一个项目最新、最热的时候，经营者可以先不进入，要静待市场情况明朗，消费者对这个新的项目有了一个清晰的认识后，再做决策。此时的决策往往更有把握。

所谓：有舍才能有所得。一个人如果想要成就大事，就要杜绝急功近利的贪婪之心，以及只顾眼前蝇头小利的跟风之心。一个没有独到眼光的人，很难在商海中乘风破浪。在经商过程中，最失败的行为就是跟风，做大事之人要懂得将目光放长远，审时度势，知道什么时候出手，什么时候收手，要勇于舍弃现在的利益，走别人不敢走的路，这样才能成就高远。

经商者不能顺着杆子一爬到底，跟风的人太多，杆子迟早会折断。创业不标新立异，赚不到大钱。只有开拓思维，不人云亦云，才能找到真正属于自己的商路。不过，当那些跟风的商人看到杆子快折断而纷纷离去时，你再折回去爬，可能也会收获不小的财富。商人眼里处处是商机，好马要学会如何去吃回头草，方能更快地填饱肚子。

李嘉诚说："当一个生意有80%人都知道做的时候，你千万不要去做；当一个生意有20%的人知道做的时候，你可以去做，但需要努力了。当一个生意只有 5% 的人知道的时候，你可以去做并且很容易获得成功，因为这就是时机，就看你是怎么把握。"

20 世纪 60 年代，美国的股市长时间处在持续增长的阶段中。60年代后期，道琼斯指数首次突破了 1000 点大关，巨大的交易量是前所未有的。巴菲特的合伙公司的股票也一度增长了 59%，上涨幅度超过了道指，也就是这一年，巴菲特的合伙公司的各方面的业绩都得到了提升，迎来了有史以来经营最好的一年。

巴菲特在 1968 年 1 月的时候这样写道："按照大多数的标准，1967 年都算得上是生意红火的一年，和道琼斯工业指数上升了 19% 相比，我们的总业绩上升了 35.9%，实现了超过道琼斯工业指数 10个百分点的预定目标。我们总赢利为 1938 万美元，即使在不断增长的通货膨胀下，我们的盈利额也能买下很多家百事可乐公司。"

火爆的牛市将投资者带入了几乎疯狂的地步，人们都把股市当成了一个稳赚不赔的金矿，像走火入魔一样疯狂地抢购股票。

有一天，巴菲特正准备对自己已经精心研究了好久的几支股票入手的时候，猛然间发现，其中的一只股票在瞬间就被人抬高了价格，而且价格涨幅高得出奇，远远超过了他的预期打算，而另外几只股票也发生了类似的情况。

这时候，巴菲特意识到，股价在短时间内迅速上涨，很明显是有人故意在抬高股价吸引投资者投资，等到大批的投资者纷纷买入后趁机敛财。过不了多久，这几只高价股的股价就会回落，而小投资者连撤退的机会都没有。

从 1957 年到 1968 年的十多年间，美国的股票每年都在不停地上涨，而最有发展潜力的两个板块是电子股和科技股。在当时，股票市场就像气球一样快速膨胀，几乎所有股票的市盈率都达到了 40 倍以上，个别股票一度达到了 100 倍。

在当时的股票行情下，无论是谁，只要在股票上有所投入，就会狠狠地赚上一大笔。面对着股市中出现的这种近乎疯狂的行为，巴菲特开始有了一丝的担忧，物极必反，狂热必然会引起投机行为，股票市场肯定会因为投机行为的盛行而最终导致崩盘。

1968 年 7 月 20 日，美国人登上了月球，这一则消息确实给股票市场打了一管兴奋剂，美国民众热情高涨，而股价也随之高涨起来。整个华尔街进入了癫狂的投机时代。巴菲特看着整个股市所有的股票都被投机分子高估了，而他再也找不到适合他投资的股票了。

巴菲特对于投资管理领域中存在的这种现象非常厌恶，因为这已经渗入商业的各个领域，而且到了无可救药的地步了。

随着投资环境的恶化，巴菲特在 1969 年解散了他的合伙公司。虽然很多人都不理解他的决定，但是他自己心里却明白如镜。果不其然，1969 年 5 月，股市直下，渐渐演变成股灾。

2007 年 5 月 30 日，中国也发生一次股票大跌的事件，短短五个交易日跌幅近千点。2008 年 10 月，中国股市又迎来了一次"寒冬"，股市大盘跌破了 2000 点大关。因此，在投资股票的时候，投资者一定要慎重，要明白股票大涨后必会大落，大落后也必会大涨，物极必反，这是自然界的规律。

价值投资是巴菲特一生信奉的投资理念，看不到投资价值时，他宁愿舍弃眼前的利益也不会改变自己的投资原则。在面对利益诱惑的时候，能够全身而退，不是所有投资者都能做到的，这需要巨大的胆魄和勇气，但这更需要一个投资者的智慧。

无论是在股票领域还是在地产领域，巴菲特和李嘉诚都用自己的亲身经历告诉我们，投资需谨慎，不可盲目跟进。巴菲特和李嘉诚都是智慧的投资者，他们都在自己的投资领域取得了非凡的成绩。

股神巴菲特曾说："当别人恐惧时我就变得十分贪婪，而当人们狂热的时候，正是我感到恐惧之时。"这句话对投资者来说应该有很大的借鉴意义。

在高额利益和巨大风险的面前，有些投资者忘却了投资的风险，只顾盲目蛮干，而有些投资者只看到了风险，畏缩不前，从而错过了大好的时机。因此，投资者一定要理性投资，要能正确评估风险和利益。

生意人，要学会用心看问题，当某项产业处于低潮，却仍旧向前发展时，其中必有什么被忽略的关键，而低潮也只是暂时的。在了解其中的实质后，就应该选择"别人放弃的时候出手"，总结其他公司用血的代价得出的经验，这会让你少走很多弯路，以低成本赢取高收益。

Chapter 4

成功要坚持

——唯有哭过长夜，方可语人生

困境中忍辱负重，顺境中戒骄戒躁

坎坷经历是有的，心酸处亦罄竹难书，一直以来靠意志克服逆境，一般名利不会对内心形成冲击，自有一套人生哲学对待，但树大招风是每日困扰之处，亦够烦恼，但明白不能避免，唯有学处之泰然的方法。

　　一个人身处低谷时，要能忍辱负重，不忘理想，让勤奋与智慧做自己爬出谷底的梯子。我们一定要知道，一切困苦都只是一时的，没有过不去的坎，只有不敢迈出的脚。低谷不过是黎明前的黑暗，所以不要被它吓倒。只要你能坚持理想，勤奋刻苦，你的坚守终会有所回报。

　　1949 年，李嘉诚在万和塑胶裤带厂做销售员。在万和，李嘉诚受到了老板王东山的重用，当上了公司推销员的领班。李嘉诚是以一个新人的身份当上领班的，那时，他的手下有八个推销员，这八个推销员个个身经百战，经验丰富，而且都有固定的客户。

作为八个人的领班，李嘉诚必须得有较好的业绩才行，可是，在当时，李嘉诚只是一个新人，他根本没有什么资源和人脉，想要在短时间内做出好成绩，赶超别的推销员确实有点难。但是，如果没有好成绩，又难以服众，所以，那段时间，李嘉诚很是焦虑。

经过一段时间的思考，李嘉诚觉得：要想在销售数量上占有优势，只做散户的生意是不行的，只有和批发商行签下订单，他才能后来居上。拿定主意后，李嘉诚就开始考察九龙最大的商品批发行——九龙太平洋商行。

其实，在李嘉诚试图打开九龙太平洋商行这个渠道之前，已经有推销员试图去开发这个资源了，但是，九龙太平洋商行的老板根本看不上香港的塑胶产品。该老板总觉得外国塑胶产品的质量比香港的好，因此，宁可从欧洲和新加坡进货，也不愿用香港的塑胶产品。

在试图打开九龙太平洋商行这个销售渠道的时候，万和公司的很多推销员都吃过闭门羹，时间一长，也没有推销员愿意去啃这块硬骨头了。李嘉诚知道这个情况后，并没有退缩，而是觉得自己可以试一试。

费了好大一番周折，李嘉诚才见到九龙太平洋商行的老板。初次见面，李嘉诚很是周到地递上了自己的名片，但商行老板只是瞟了一眼问："你找我有什么事？"李嘉诚当时也看出了商行老板的高傲姿态，但是他觉得如果能做成生意，受点白眼又算得了什么呢。于是，李嘉诚开门见山地说："先生，我到贵商行来主要是洽谈一批塑胶制品的生意。"

商行老板一听又是推销塑胶制品的，脸色更是难看，接着就冲李嘉诚挥挥手，说："好了好了，你不要再说了，你可以走了，我们商行和外国的订单是不会因为你们公司而修改的。请你不要干扰我。请你马上出去。"面对商行老板的驱赶，李嘉诚只好狼狈地离开。

碰了这个钉子后，李嘉诚的信心确实受挫不小，他也感到非常苦恼。毕竟，他来公司有一个星期了，却连一份订单也没谈成，而其他推销员，每天都有订单，更何况，自己还顶着领班的头衔呢。如果一直没有订单，自己也确实感到脸上无光。这个时候，周围的同事也向李嘉诚投来了不屑的眼神，老板王东山也开始对李嘉诚的能力表示质疑。

销售受阻，遭遇质疑，但李嘉诚从来没有想过要退却。调整好自己的心理状态后，李嘉诚忍辱负重，继续去找商行的老板。但是，李嘉诚仍然没有拿到订单。没有拿到订单，李嘉诚很是失落，但是，他还是下定决心一定要拿到九龙太平洋商行的订单。

一天，李嘉诚再一次无功而返，当他无精打采地在一家小酒肆吃饭的时候，他遇到了商行老板的门卫。门卫很同情李嘉诚的处境，说："将来我找机会让你见老板，当然，最好是他心情好的时候见面。老板的儿子是他的心头肉，每当老板的儿子取得不错的成绩的时候，老板就会格外高兴，因为老板的妻子刚去了美国，所以……"

李嘉诚听到这里，计上心头，对门卫说："您是说我要想做成这笔生意，就要结交老板。但马上和老板交朋友，我显然力不从心啊！不过，我可以先与老板的儿子交朋友。"

门卫回道："当然可以了，每次孩子放学以后，就会缠着我带他去看赛马，可我要看大门呢，哪里有时间陪他？不如你带孩子去看看赛马再说。万一你与那孩子有缘呢？"

第二天下午，李嘉诚经门卫牵线，与老板的儿子结识了。李嘉诚知道这孩子非常喜欢观看赛马，隔几日便带他去看赛马。经过一个多月的交往，老板的儿子已把李嘉诚当成朋友了。

而此时商行老板也被李嘉诚的行为感动了，于是向他定了380个塑胶桶。凭这一单生意，李嘉诚成了万和塑胶裤带厂的销售冠军。

面对困境，李嘉诚没有气馁，没有放弃，不怕失败，不怕碰壁，而是继续努力，通过自己的真诚打动了商行的老板，谈成了自己的第一个订单。李嘉诚认为，任何一个产业，都有它的高潮与低谷，都有它的顺境与逆境。在低谷的时候，相当大的一部分企业都会选择放弃，有的是由于目光短浅而放弃，还有的是由于资金不足等各种各样的原因而不得不放弃。

其实，不管是对企业还是对个人来说，在面对困境的时候，更多的是需要静下心来，认真分析思考，是不是所从事的这个产业目前已经到了穷途末路的时候，是不是自己已经尽了全力仍无法办到，或者是不是还会有高潮来临的那一天，是不是继续坚持下去还会有逆转的可能。这都是企业和个人需要慎重思考的。

创业也好，工作也好，不论别人看不看好你，你都要为自己的决定负责，即使身处逆境，也要相信自己的能力和决心，不可人云亦云。成功的路上阻力重重，无论处于怎样的困境，我们都要对自己抱有信心和希望，这样我们才能冲出重围，迎接胜利。

李嘉诚身价不菲，财富、名声、地位应有尽有，但他身上却没有一丝骄躁之风。李嘉诚曾这样说："坎坷经历是有的，心酸处亦罄竹难书，一直以来靠意志克服逆境，一般名利不会对内心形成冲击，自有一套人生哲学对待，但树大招风是每日困扰之处，亦够烦恼，但明白不能避免，唯有学处之泰然的方法。"

李嘉诚的事业越做越大，实力越来越强，这与他不骄不躁、不故步自封的心态和勇于挑战、积极进取的性格有很大的关系。

李嘉诚在创业的路上取得了很大成就，是众多国际著名企业家中的佼佼者。李嘉诚常常独具慧眼，把握商机，凭借自己的智慧与毅力，让自己在激烈的竞争中处于不败之地。但不论他取得了多么辉煌的成就，他都不会因为眼前的成功停滞不前，故步自封。在事业蒸蒸日上的时候，他也是一如既往地工作学习，不骄不躁，一步一个脚印地向更广阔的天地前行。

李嘉诚能够成功很大程度上是因为他有着敏锐的观察力和先知先觉的能力，不墨守成规，不故步自封，不骄傲自满，不畏惧退缩。

从销售员做到总经理，从总经理辞职到自己创业成为长江塑胶厂的老板，然后涉足房地产行业，使长江成为上市公司，再到入主和记黄埔，收购"港灯"，赶超置地房产，之后又拓展海外业务，接着又到内地发展……

每一次成功的背后，李嘉诚都付出了很多，然而，在成功来临的时候，李嘉诚的心中最多的不是喜悦，而是反思。李嘉诚从不会因为获得了多少财富与荣誉而骄傲自满，相反他更为谨慎。因为他知道成功来之不易，失败却会悄然而至。

只要有心，处处皆是商机

> 精明的商人只有嗅觉敏锐，才能将商业情报作用发挥到极致，那种感觉迟钝、闭门自锁的公司老板常常会无所作为。

处处留心皆学问，人情练达即文章。世上无难事，只怕有心人。日常中司空见惯的事情只要你肯留心，肯用心，你就能发现其中的商机，获得意想不到的收获。

我们经常会听到"眼观六路，耳听八方"这个词，其实，作为一个商人，最应该有的特质就是：眼观六路，耳听八方。作为商界精英的李嘉诚，很早就练就了"眼观六路，耳听八方"的本事。

为了开拓塑胶产品的市场，经过一番研究，李嘉诚决定向北美进军。当时，李嘉诚亲自设计印刷了一系列精美的产品广告宣传册，并寄给北美的几家贸易公司，期望他们能购买。

最后，有一家北美最大的生活用品贸易公司在看了宣传册以后，觉得李嘉诚的塑胶厂生产的塑胶产品还不错，就打算来香港进行调查，挑选样品，考察人工制作流程，检测质量，想在众多的香港塑胶企业中选择一家作为长期合作伙伴。

听到这一消息后，李嘉诚当然很高兴。但面对这样难得的商业机会，李嘉诚又有点犹豫，毕竟当时的长江塑胶厂规模不是很大，厂房也很简陋，工人的技术水平也不是太高，如果按目前的这种情况，北美的企业肯定不会与长江塑胶厂建立长期的伙伴关系的。可李嘉诚又不愿意放弃这一个难得的机会。

后来，李嘉诚又与北美的企业取得了联系，通过电话交谈进而得知，对方一周后就会来香港进行实地考察。为了改变厂子目前的状况，经过一番深思熟虑，李嘉诚决定用一周的时间重新建设新厂区，扩大生产规模。

当时，全厂上下都被他这个决定震惊了，但他依然坚持，这一次他选择孤注一掷。在一周的时间内，他利用之前筹建的工业大厦做抵押办了贷款，然后租厂房，安排全场搬迁，购置新的机器设备，招聘新的工人培训上岗，调试机器，他把控全局，每一个环节都进行了周密的计划。因为他知道，其中任何一个环节出了纰漏都会令他前功尽弃。不过好在一切都进行得很顺利。

一周以后，北美考察团如期而至，李嘉诚到机场接机，问道："是先休息，还是先考察？"对方的回答是："先考察。"然后李嘉诚就带着考察团从机场直奔工厂。

经过一上午的考察，北美考察团的领队说了一席话："李先生，我在动身前认真地看了你的宣传画册，知道你有一家不小的工厂和较先进的设备，没想到规模这么大，这么现代化，生产管理是这么井井有条，我并不想恭维你，你的厂完全可以与欧美的同类工厂媲美。"

当李嘉诚问要不要再去其他的工厂看一看的时候，对方的回答是："你的工厂就很好，不用再看其他公司了，我们现在就签合同，你来做我们的独家供应商。"于是，北美这家生活用品贸易公司就成为长江的大客户，每年的订单数可达百万美元。也因为这家公司，李嘉诚得到了加拿大帝国商业银行的信任，并且成为合作伙伴，这也为他开拓海外市场建起了一座桥梁。

李嘉诚主动向北美各大企业抛出橄榄枝，并凭一本精美的宣传册吸引了北美最大的生活用品贸易公司的兴趣，且积极跟进，及时改进，扩大生产规模，最终争取到了合作的机会。

商场中的角逐瞬息万变，机遇难得，李嘉诚之所以用一周的时间奋战并最终换来了北美企业与其长期合作的机会，关键在于他懂得主动出击的重要性，更加懂得时机的可遇而不可求。

1960年，李嘉诚在香港柴湾另建了一座大厦，专门生产塑胶产品。有报道称："目前世界塑胶花贸易，香港占80%，香港成为最大的供应来源，且已获得价廉物美的好感，除美国之外，近时日本、西德、澳大利亚去货均已增多。"这则报道反映出了李嘉诚的塑胶事业蒸蒸日上，而他的塑胶花也将开遍全世界。

现实中并非缺少商机，而是缺少发现商机的眼睛，李嘉诚指出：

精明的商人只有嗅觉敏锐，才能将商业情报作用发挥到极致，那种感觉迟钝、闭门自锁的公司老板常常会无所作为。日本之所以能成为商业强国，就是因为他们时时留意、处处留心身边的每一件事，甚至每一条消息。

20 世纪 50 年代初期，美国出现了一种令人闻风丧胆的病——艾滋病，它不仅无法治愈，还可以通过性传播。美国保持性开放的观念，但又害怕传染上艾滋病毒，后来他们发现避孕套可以有效地防止艾滋病毒的传播，于是市场上对避孕套的需求量猛增。

但是，由于美国国内很少有生产避孕套的厂，这就导致避孕套数量无法满足人们的需求。精明的日本商人获悉了这一情况后，立刻找人，开动机器，夜以继日地赶工生产了大量的避孕套，送往美国。避孕套刚投入市场没多久，两亿多只避孕套就被抢购一空，日本人趁此机会大赚了一笔。

1932 年，十六岁的王永庆到嘉义开米店，当时这个小镇已有三十家米店了，竞争的激烈程度可想而知。王永庆用两百元钱在一个偏僻的巷子里租了家很小的店面，因为他的店开得晚，根本没什么人知道，生意十分冷清。

那时候，因为稻谷的加工技术落后，刚收的稻谷要铺在地上晾干之后再脱皮。因为是放在地上脱皮的，所以谷子里面难免会有石子、沙子。因此，人们在做饭前，一定要将米仔仔细细地淘洗几遍才行。这样一来就给做饭的家庭主妇们带来很大的麻烦。

王永庆了解到情况后，就和他的弟弟将掺杂在稻谷中的石子、沙子、秕糠，一点点地挑出来后再去卖。不久，小镇上的主妇们都说：
"王永庆家的大米质量好，干净。"就这样，一家传一家，大家很快
都知道王永庆家的米质量好。王永庆的米店的生意也越做越红火。

王永庆从一件"稻米中掺杂石子"的小事中寻找到突破口，最终
令自己的米店获得了好评。试想一下，如果我们把平时看到、听到的
事当作是过眼云烟，那它就只是过眼云烟，但如果我们能用心留意，
肯花费一点精力和时间加以分析、研究，那么，我们肯定能获得意想
不到的收获。

西蒙曾说过，机会对于不能利用它的人又有什么用呢？正如风只
对于能利用它的人才是动力。机遇可遇而不可求。平时的时候，我们
每一个人都应该处处留心，勤于发现，其实生活中到处都是惊喜。

谋而后动，欲擒故纵

> 　　李嘉诚综合了中式和欧美经商方面的优点。他全面分析了收购计划，然后握一握手就落实了交易，这是东方式的经商方式，干脆利落。

　　世界杰出华商协会执行主席卢俊卿博士曾说过："在我看来，全世界中小企业的寿命都很短，中国的中小企业的平均寿命在 2.9 年左右，美国的要稍微长一点——3.9 年。"

　　卢俊卿博士认为，企业寿命是可以提升的。而中国的企业寿命短，除了因为先天不足、缺乏国际竞争力和资本运营方面的意识和能力以外，还有一个致命的原因就是，中国企业决策很快，一拍脑袋就定了，根本不会花时间和精力去充分地调查研究和论证。可以说，大部分企业倒闭不是执行的问题，而是决策的问题。

其实，对于企业发展的认识这一方面，李嘉诚与卢俊卿博士的想法如出一辙。下面，我们来看看李嘉诚是怎样谋划收购"港灯"的。

香港电灯有限公司，也被称为港灯，成立于1889年1月24日。港灯是香港的第二大电力集团，盈利一直非常稳定。供电是一个地区发展不可或缺的因素。所以说，港灯在当时可是一块"大肥肉"，香港的许多商贾对这块肥肉也是垂涎欲滴。

当时，怡和、佳宁这些商界巨头都在纷纷扩张业务，并且增加了对港灯股份的收购。李嘉诚自然也看到了港灯背后的市场及发展前景，同时，他也看到了各个集团对港灯的追逐争夺，但是他并未参与其中，只是静观其变。由于置身事外，所以李嘉诚对当时的局势看得更清楚一些。

1982年4月26日，置地以高出市价很多的价格买了港灯2.22亿的股份，又以9.4元的价位买了港灯认股证1200万股，再认证股总发行量的20%，财大气粗的置地以高于市面31%的条件收购了港灯。

置地因为太过急功近利，导致资金周转不过来，欠下巨额贷款。当时香港又爆发移民浪潮，人们纷纷抛售港币换取外汇，造成汇率大幅跌落。国际上，欧美、日本的经济日渐衰退，香港的工商业更加萧条，之后又出现了地产市场滑落，新建的楼房卖不出去，地产大亨惴惴不安、后悔不迭。

一年后，地产业全面崩溃，置地更是债台高筑，母公司怡和同年的财政营业额暴跌80%，置地面临倒闭的危机。

此时，怡和的最高负责人换成了西门·凯瑟克。面对怡和的危机，李嘉诚不动声色，但早已准备好资金，并且研读了许多有关西门·凯瑟克的报道。此外，他暗中已经跟和怡和有十四年合作经验的马世民进行了密切的接触，从而更加了解怡和的优势与劣势。

当时，李嘉诚与马世民都觉得应该有可能收购港灯了，但此时的李嘉诚并没有盲目地展开收购，而是静观其变，等待时机。因为，他知道怡和出售港灯只是时间问题，他只需耐心等待就行。

1984 年，面对汇丰银行穷追不舍的追债，怡和为了缓解财政压力不得不出售港灯的股份，而西门·凯瑟克最先想到的出售对象就是李嘉诚。而在此之前，李嘉诚早就向怡和透露过他有收购港灯的意向，西门·凯瑟克也知道他有这个实力。

但是近一年的时间，李嘉诚没有一丝行动，这令西门·凯瑟克深感疑惑。其实，李嘉诚一直按兵不动，就是为了吊西门·凯瑟克的胃口。那段时间，李嘉诚一直表现出作壁上观的姿态，而西门·凯瑟克却坐不住了，主动让人找李嘉诚谈关于转让港灯股权的事情。

最后，仅用 16 个小时，李嘉诚的和记黄埔就以 29 亿港元收购了置地 34.6% 的股权，6.4 元的折价为和记黄埔省了 4 亿多港元，此后港灯被和记黄埔全面掌控。

李嘉诚对港灯"蓄谋已久"，但他并不急于一时，而是谋而后动，欲擒故纵，以静制动，等待时机。李嘉诚看似无动于衷，实际上已做足全盘的考量和十足的准备，对于港灯最终的归属他也早已成竹在胸。

马世民曾这样评价李嘉诚："李嘉诚结合了中式和欧美经商方面的优点。他全面分析了收购计划，然后握一握手就落实了交易，这是东方式的经商方式，干脆利落。"

　　我国古代学者张居正说："审度时宜，虑定而动，天下无不可为之事。"在纷纭的世事中，适合我们的机会或许只有一次，面对这个机会，抓住固然重要，但也要三思而行，谋而后动，适当时机要耐心等待，欲擒故纵，才能不费吹灰之力手到擒来。

　　无论做什么事，李嘉诚都是精心策划，期望取得一击即中的效果。他曾表示："比如说当有个收购案，所需的全部现金要预先准备。我是比较小心……都是步步为营。"商战就如博弈，一着不慎就有可能满盘皆输，所以每一个决定都要谋而后动，三思而后行。

　　李嘉诚自己也说："我冒险，但不盲目。"的确，每当机遇来临时，李嘉诚从来都不曾慌张过。每当这个时候，他总能用自己的谋略和智慧，巧妙地抓住机会，从迂回处赢得胜利。

只有不断学习，才能不断取得成功

> 求知是最重要的环节，不管工作多忙，我都坚持学习。白天工作再累，临睡前我都要斜靠床头翻阅经济类杂志，我从中汲取了大量的知识和信息，我的判断力由此而来。

子曰："吾尝终日不食，终夜不寝，以思，无益，不如学也。"大意是，孔子说他曾经整天都不吃饭，整晚都不睡觉，只是苦苦思考，结果也没有获得任何的益处，还不如去读书，学习知识。《荀子·劝学》中又说："吾尝终日而思矣，不如须臾之所学也。"只有不断地学习才能不断提高自己，跟紧时代发展的步伐。

其实，我们都知道，知识并不仅限于课本，还包括书本以外的社会实践、工作经验，还有与人交往时为人处世的方法技巧。成功人士最注意对自身的修葺，他们会不断地为自己充电，使自己的知识、才学、技能达到一个相当高的层次，为迎接每一个机遇和挑战做准备。

"一个人只有不断填充新知识，才能适应日新月异的现代社会，不然你就会被那些拥有新知识的人所超越。"李嘉诚说。

李嘉诚当初也和我们现在大多的创业者一样，一无所有，也并没有过人的天赋。他之所以有现在的成功，主要是因为他勤奋好学，利用一切可以利用的时间充实自己，不断提高自我才达到的。

李嘉诚从来就没有停止过对知识的追求。如今，他已经九十岁高龄，仍然坚持每日看书，学习新知识，了解最新的商业资讯和科技信息。李嘉诚身体力行地告诉年轻人，什么是"活到老，学到老"。

从内地逃难到香港的时候，当时香港把英文当官方语言，学校的课程半数以上都是英文，可李嘉诚根本不懂英语，这使得中文成绩一直都很优异的李嘉诚在学习英语方面很是不得力。

由于语言不通，李嘉诚与别人进行交流的时候就很困难，也总是被当地的人嘲笑。为了提高自己的英文水平，李嘉诚就大胆地请教表弟表妹，跟着他们学习英文。渐渐地，他的英文水平提高了很多。

即使到后来辍学后，李嘉诚依旧坚持每天学习英文，这对他日后和外国人做生意大有裨益。而李嘉诚也一直感谢当年的自己，如果不是自己拼命学习英文，那么他日后做生意可能就会受到很多限制。

在李嘉诚开始创办长江塑胶厂的时候，有很多事情他必须亲力亲为，面对从来没有接触过的领域的时候，他也必须自己硬着头皮去"现学现卖"。李嘉诚从来都没学过做账，但为了管理好公司的财务，他又买来很多会计书自学会计。

李嘉诚自学会计，他曾自豪地说："当时做好后，我问审计我的账做得对不对，他说我做得很好，可以上报给政府了。我听了很高兴。我没有经验，但我通过阅读会计书自己学习。如果你想看懂资本负债表，就需要懂一点儿会计知识，我很多事情都是自己亲自动手，因此公司的管理费用非常低。"

除此以外，李嘉诚还订阅了《当代塑料》和其他的英文塑料专业杂志，争分夺秒地给自己补充知识，实时了解关于塑料的最新信息，不让自己与新时代的塑料潮流脱节。可以说，正是李嘉诚的好学精神让他发现了塑胶花这一商业契机，也正是他的好学精神，使长江塑胶厂成为著名的塑胶工厂。

李嘉诚十几岁就辍学打工挣钱，没有完成学业是他平生最大的憾事。因此，在他之后的人生中，他把读书和学习知识当作生命中不可或缺的一部分。即便后来成为亚洲首富，他也没有停止学习。

李嘉诚爱读书在商界是出了名的。李嘉诚有一本演讲集叫《知识改变命运》，而知识改变命运这句话也在李嘉诚的身上得到了充足的展现。看过李嘉诚访谈录的朋友们一定能发现他对知识和信息极其重视。

李嘉诚认为知识是未来社会的主轴，知识就是核心价值。李嘉诚曾说："科技世界深如海，正如曾国藩所说的，必须有智、有识。当你懂得一门技艺并引以为荣时，便愈知道深如海，而我根本未到深如海的境界，我只知道别人走快我们几十年，我们现在才起步追，有很多东西需要学习。""信息革命产生了巨大的影响，特别是对商业有巨大的影响。现在点击一下鼠标就可以获得信息。"

进入21世纪，许多新科技层出不穷，当互联网的热潮席卷而来，一些对互联网信息比较敏锐的商人从中赚了一大笔钱，比尔·盖茨就是其中的一位。比尔·盖茨凭借着互联网这一机遇，赚了数百亿美元，一度成为全球首富。

就在这个时候，经济评论家们一致认为，靠地产、航运、港口致富的传统型富豪，如李嘉诚，迟早会被这个时代淘汰，但是李嘉诚用自己的实际行动证明了他们的判断是错误的。

1999年10月，李嘉诚支持长子李泽钜投资网络，并拿出了高达十亿美元的预计投资额。同年12月7日，李泽钜花费近两千万港元购买了"TOM网"域名。2000年"TOM网"决定在香港上市。2月23日，这一天是递交认股申请表的最后一天，有超过三十万的香港人拥到汇丰银行的十间分行递交认购表格，一时间人流涌动，许多道路出现拥堵，店铺无法正常营业，人群排起来的长队甚至长达数千米。

李嘉诚用行动证明自己并没有落后于时代，相反，他敏锐地捕捉商机，不仅用自己的网络概念感染了整个香港，而且还以利益的驱动令香港出现万人抢购的场面。由此我们不得不说，李嘉诚确实是引领时代潮流的卓越企业家。

在生活中，李嘉诚时刻关注科技发展的前沿动态，把握科技进步对现代商业的影响。正是因为李嘉诚有着这样的思想，所以当互联网技术兴起时，他才能敏锐地捕捉到这一机遇，决定将其作为自己公司投资和经营的新方向之一。

在李嘉诚看来，抢知识是就是抢财富，抢未来。有一次，长江实业的职员看到了一篇有关李氏王国的翻译文章，他觉得这篇文章写得很不错，于是就拿给李嘉诚看，李嘉诚刚看了几句，马上就说："这不就是《经济学家》里面的那篇文章吗？"其实，李嘉诚在很久以前就已经看过这篇文章的原文了。

李嘉诚认为，在知识经济的时代里，即使你有资金，也很努力，但是缺乏知识，无法得到最新的讯息，那么，你失败的可能性还是很大。但是如果你有知识，又有资金的话，你成功的可能性就会大很多。

李嘉诚是如何驾驭他那庞大的商业王国的呢？答案只有两个字：知识。他曾这样明确指出知识对他的重要性："求知是最重要的环节，不管工作多忙，我都坚持学习。白天工作再累，临睡前我都要斜靠床头翻阅经济类杂志，我从中汲取了大量的知识和信息，我的判断力由此而来。"

在阅读书籍方面，李嘉诚又说："非专业书籍，我抓重点看。如果跟我公司的专业有关，就算再难看，我也会把它看完。"对知识的不断学习和对商业讯息的掌控，以及管理经验的不断积累，使得李嘉诚可以看得更高更远，更冷静地分析行情局势，从而做出最正确的决策。李嘉诚的阅读非常广泛，他说，自己经常会看一些科技、历史和哲学类的书籍，非常关注科技前沿动态，但从来不看小说，娱乐新闻也从来不关注。

中央二套的一个访谈节目曾请来了数位80后的成功企业家，他们一致赞成读书是非常有意义的。有一位企业家这样说道："我从未离开过学校，尽管曾经遭受过巨大的挫折，被逼得走投无路，几乎要自杀，但是当我爬到楼顶的时候，回想起书中的话，我却被书本中的内容深深地吸引，是书给了我力量，帮我渡过了难关，现在我成功了。"

王安石的《伤仲永》、宋濂的《送东阳马生序》都给我们以警醒，再有天赋的人如果不思进取，也终将会被埋没；相反，一个不很聪明的人，如果他勤奋好学，不断地积累知识，学习技术，他也会取得成功。所以，我们只有不断提高自我，完善自我，才有展翅翱翔的机会。

苦难，是生命中最闪耀的风景

> 虽然打工，我一天都做十多个小时，有的时候做到晚上，做得非常非常疲倦，公寓晚上没有电梯了，我常常爬楼梯到十楼住所，有时候疲倦得不得了，就闭着眼睛爬。

1937 年，全面侵华战争爆发，战火中，百姓陷入了水深火热之中，流离失所，背井离乡。日本侵入中国没多久，就靠着船舰利炮一步步逼近潮州，潮州也即将沦陷。

1938 年，李嘉诚刚刚读初中的时候，日军轰炸潮州，迄今李嘉诚还记得投掷的炸弹落在身边的样子，生与死只在一线之隔。日军占领了潮州后，李嘉诚的父亲李云经不愿在日本政府任伪职，便接受了妻子庄碧琴的建议，举家避难香港，投奔妻兄。于是一大家人开始了流亡逃难的生活。

李嘉诚一家人在路上辗转了近半年的时间才到达香港，到达香港后，李嘉诚一家人就在舅舅庄静庵家落了脚。李嘉诚对香港充满了好奇，逃难到香港可以说是李嘉诚人生中最大的转折点。

李嘉诚一家到香港没多久，一个噩耗又传来了——日本人又侵占了香港，这让本就因颠沛流离而身体虚弱的李云经更加痛心疾首，不禁痛呼："真没想到我们躲到了香港，日本人竟会追到香港来。"悲愤交加中，李云经的病情加重，日寇的肆意掠夺使得他们的生活愈加困难。

其实，刚到香港时，李云经就经常咳嗽。当时，他以为是因为感冒而落的后遗症，所以也没有在意。但他没想到这无休止的咳嗽原来可以危及自身的性命，严重的时候，他甚至会咳出血来，最为严重的一次，竟然吐出了大半盆鲜血。

后来，在庄碧琴和庄静庵的多次劝说下，李云经才不得不前往医院求医。经过医生的诊断，原来李云经得了严重的肺病。在当时的中国，肺病曾被称为肺痨，一般被视为难以医愈的绝症。在当时的医疗条件下，即便是英国人办的教会医院，也没有可以治好这种病的药物。

当李云经知道自己得的是肺病的时候，他想到了自己的这一家人，那时，他陷入了极度的伤心之中。从医院回家后，李云经的身体每况愈下。1943年的那个冬天，是李嘉诚一生中经历的最寒冷的一个冬季，父亲李云经的身体已经彻底不行了。

弥留之际，李云经拉着李嘉诚的手，等了好久说道："阿诚，爸爸对不起你，这个家就交给你了，你要把它撑下去啊！"当晚李云经便去世了。那一刻，李嘉诚明白，从此他就是家里的顶梁柱了。

李嘉诚在采访中曾说，他从不相信命运，十三岁时，他的父亲因患肺病被送进医院。在父亲住院的几天之后，他去书店买些有关肺病治疗和如何照顾肺病患者的书来看。看过那些书后，他吓了一跳，所有病症他都有。十五岁时，父亲最终还是因为肺病离世，他不得不挑起家里所有的担子，那个时候，他最羡慕的就是可以上学堂读书的人。虽然他比较幸运，他的肺病最后竟然好了，但是这些记忆后来想来还是颇感凄凉、心酸。

李嘉诚生逢乱世，国破家亡，举家逃亡迁居香港，又少年丧父，靠着身患肺病的身体挑起养活一家人的重担。可以说，在成长的路上，他曾历经种种磨难。也正是这些磨难，让他更加成熟、沉稳、坚强、理智。也正是因为这些经历，李嘉诚才学会正确地思考人生，并能够以淡然、冷静的心态，面对今后所遇到的任何困难。

李嘉诚曾回忆过往："虽然打工，我一天都做十多个小时，有的时候做到晚上，做得非常非常疲倦，公寓晚上没有电梯了，我常常爬楼梯到十楼住所，有时候疲倦得不得了，就闭着眼睛爬。"

李嘉诚所经历的苦难是他人生中一笔巨大的财富。因为经历的苦难太多，所以，他学会了思考，学会找寻解决问题的方法。因为他知道，这个世界上，他没有任何人可以依靠，只有他自己。

李嘉诚知道，每克服一个困难就是一次进步，每次从困境中挣扎出来，都能收获良多的经验。所以，他从未害怕过困难，也从未恐惧过挫折。这么多年以来，他早已将苦难当作自己的良师益友，帮助自已一步步成为生活中的强者。

仰望天空，苦难就是天边那道最美的彩虹，也是夜晚最闪耀的那颗星。苦难并不可怕，它是你生命的一部分，它所教给你的东西是最真实的，最有价值的。

陶土只有经过熊熊烈火日夜不停地炼烧，才能变成典雅的瓷器；石头只有经过千万次的雕琢才能成为精美的艺术品；人只有经历苦难的洗礼，才能散发出迷人的光辉。宝剑锋从磨砺出，梅花香自苦寒来。经历过磨难的人生，才能如凤凰涅槃，浴火重生。

苦难是每一个人都必须研修的一门功课。没有经历过苦难的人生是不完美的人生。孟子有云："故天将降大任于斯人也，必先苦其心志，劳其筋骨，饿其体肤，空乏其身，行拂乱其所为，所以动心忍性，曾益其所不能。"因此，我们每一个人都不应该惧怕苦难，因为它可以磨砺我们的性情、意志、耐力，让我们更加坚韧、强大。

Chapter 5

心中有大爱

——愿财富惠及神州大地

商人，首先是一个人，其次才是商人

在职业上，我是一个纯粹的商人……如果不能做一个成功的商人，那我的职业是失败的，人生也是残缺的。不赚钱的商人不是好商人，也没有资本利润去做善事。

商人首先应该做一个好人，然后才能算得上真正成功的商人。俗话说，无商不奸，无奸不商。那是因为，在大多数人眼里，商人在追逐利益的时候总是不择手段。追本逐利是商人的天性，但是在逐利的时候，商人首先应该知道自己是一个人，一个有情有义，知荣知耻的人。钱无好坏，人却有善恶。因此便有了奸商和慈善家的区别。

李嘉诚曾说："很多传媒问我，如何做一个成功的商人？其实，我很害怕被人这样定位。我首先是一个人，再是一个商人。"他也曾说，"我从来就不是大家说的是什么超人，我可能算是一个成功的商人，但我其实更是一个普通的人，甚至是一个老人。"

李嘉诚并不否认商人应以赚钱为目的，他说："在职业上，我是个纯粹的商人，如果不能做一个成功的商人，那我的职业是失败的，人生也是残缺的。不赚钱的商人不是好商人，也没有资本利润去做善事。"

企业家应该将创造利润作为重点，但同时也要勇于担起社会责任，时刻想着为社会做些力所能及的事。回馈社会，帮助贫弱，这是一个大企业家应有的情怀，也是很多企业家应该承担的社会责任。勇于承担社会责任，不仅是个人高风亮节的展示，也是塑造企业形象的绝佳方式。李嘉诚非常认同这样的观点，并在实践中身体力行。

1979 年，李嘉诚回到了阔别四十年的家乡——潮州。此刻，他再也不是当年的穷小子了，他是一个有身份、有地位、有财富的人。可是，当他站在离开了四十年的故土上时，他无论如何都高兴不起来。因为他听到的不是欢歌和笑语，看到的也不是百姓的安乐和富足，而是贫穷和无助。

家乡贫困的现状让多情的李嘉诚不禁潸然泪下，心痛不已。李嘉诚年少时经历过病痛的折磨，所以他对健康非常看重，十分注重医疗和教育。他认为，健康是一个人幸福的根基，更是一个国家富强的基础。当即，他就下定决心要为家乡的父老乡亲做点事情，帮助这些还身陷贫困中的同乡们。

为了提高家乡的医疗条件，李嘉诚捐款 2200 万港元，用于兴建潮安县医院和潮州市医院。之后，为了改善家乡的交通条件，李嘉诚也曾为修建潮州的韩江大桥捐资 450 万港元。为了支持家乡的医疗、体育、教育、科研等事业，他多次向有关部门捐款，每笔数额都在 10 万港元以上。可是，当有人提到要以他的名字命名潮安、潮州两所医院时，他却拒绝了。

李嘉诚做了这么多善事，但他没有觉得自己多么伟大。他本性忠厚善良，认为自己做的事情都是应该做的。正因为如此，潮州人民对他更是充满了无尽的感激之情。

早年，李嘉诚凭借自己的辛苦打拼，终于创立了长江塑胶公司，并取得了不错的成绩，后来他这样回忆当时的心情："1957～1958 年，那时刚赚了些钱，觉得好快乐。但那时我就开始在想，是不是人生有钱就真的快乐？我也有些迷惘，也不肯定。"渐渐地，李嘉诚找到了答案——做慈善。

1980 年，汕头大学筹备委员会副主任庄世平曾和李嘉诚有过一次很有意义的谈话，就是这次谈话让李嘉诚有了新的目标，也使他做出了一个不同凡响的决定，也是在这一次，汕头大学在李嘉诚的捐资下开始兴建。

当时，李嘉诚问庄世平："世平兄，你说，人生什么最有意义呢？"庄世平立即回答："兴学育才最有意义。像陈嘉庚先生一样，名字和他创办的厦门大学和集美学校联系在一起，这样的人生最有意义。"

正是这次谈话使李嘉诚更加坚定了自己内心当中出资办学的信念，从而走向了更加有意义的人生旅程。这一次，李嘉诚捐出三千万港元作为启动资金，后来又陆陆续续地捐出几十亿支持汕头大学。

1981 年，李嘉诚正式入主和记黄埔董事局。对于李嘉诚来说，收购和记黄埔是具有历史意义的成功，但他并没有因此得意忘形。此时，他也开始感到人生的意义不是拥有多少财富，而是能为社会做多少有意义的事。他觉得财富二字给人带来的不仅仅有金钱，还有内心的充盈；他觉得作为一个有血有肉的人，就不应该让人生虚度，必须做一些可以让世界变得更加美好的事情。

在取得了一定的成绩后，李嘉诚开始将自己所得的财富分享给别人，与他人分享的时候，他觉得自己的内心非常充实，非常快乐，他觉得帮助别人是非常有意义的事，甚至比赚钱还要让自己高兴。

1998 年 8 月，中华人民共和国教育部与香港李嘉诚基金会共同筹资，设立了"长江学者奖励计划"，该计划是一项专项、高层次的人才计划，旨在提高中国高等学校学术地位，振兴中国高等教育。该项计划吸引和汇聚了一批海内外有影响的学科领军人才，激励和支持长江学者取得了一批重要科研成果，有力地推动了高校重点学科的发展，培养了一批高素质青年创新人才。

1998 年，李嘉诚拜访了当时的教育部长陈至立。李嘉诚说："国家这么重视科教兴国，我李嘉诚要为国家教育的发展做点事。今天拜访部长，想向部长请教，比如捐资设立奖学金，帮助大学生成才，不知这个想法是不是合适？"

陈至立部长对李嘉诚的爱国之情表示感谢，并提出了自己的看法："如果让我提建议的话，我想，做一个吸引和鼓励优秀中青年大学教师的项目，效果会更好一些。"

听到这里，当时站在一旁的教育部副部长韦钰随即补充道："国家实施'211 工程'、建设重点实验室等，已经花了几十亿的资金，主要用来买先进的设备，建设图书馆及公共教学科研设施，但是由于国家工资制度的规定，不能用较多的钱来改善教师和研究人员的生活待遇。如果李先生把准备投入的资金，对可能做出突出成就的人，给予奖励，会产生更大的作用。"

李嘉诚听完两位部长的意见之后，当即表示："得到教育部领导的支持，我们可以好好地合作了。"

人生就是修行，一个人的一生并不能只为了钱而生活，也应为了使生命更加充实和丰盈而不断努力。君子爱财，取之有道。关键是钱的来路是否清白，赚来的钱该何去何从。李嘉诚曾说："事业上应该赚点钱，有机会便要用钱，把钱用到合适的地方。这样一来，赚钱才有意义。"

如果一个商人能将赚来的钱除了生活所用之外，拿一部分做善事，积福德，那么这样的商人才是一个拥有大智慧的商人。商人捐钱的也不在少数，但真正能成为慈善家的商人却少之又少。

成了慈善家的商人才有机会成为真正的商人，因为他将赚来的钱用于帮助更多的人，这样的帮助就会使得他们获得更多的社会认可，这其实也是一种无形的资源，这对于他们自身的事业发展其实也是有好处的。

财富来自社会，理应回报社会

> 人总有一天要离开这世界，当你离开这个世界的前一段
> 时间，如果你能够快快乐乐地回想起，这一生虽然人家也为
> 我服务很多，但我也为人家服务不少，那么你就会真真正正
> 地快乐。

李嘉诚富可敌国，但他却说："财富不是单单用金钱比拟的。衡量财富就是我所讲的，内心的富贵才是财富。如果让我讲一句，'富贵'两个字，它们不是连在一起的，这句话可能得罪了人，但是，其实有不少人，'富'而'不贵'。所以，真正的富贵，是作为社会的一分子，能用你的金钱，让这个社会更好、更进步，使更多的人受到关怀。所以我就这样想，你的贵是从你的行为而来。"

李嘉诚认为，富和贵不是一回事，"富"虽然在一定程度上表现

为对金钱财富的占有，但有了钱的人不一定就真正拥有了财富，因为财富是身外之物，生带不来，死带不走。只有把财富变成使更多人快乐的一项事业，并使之代代相传，才会有其自身存在的价值，掌握财富的人也才能称得上是财富的拥有者。

李嘉诚认为真正的财富是内心的富有，能够在这个世界上，对其他需要帮助的人有所贡献，那才是他自己创造出来的真财富，更是任何人都拿不走的财富。

"贵为天子，未必是贵；贱如匹夫，不为贱也。"李嘉诚认为，不论一个人是普通人，还是贵为天子，都不能因为其出身贵贱而被认为其人是贵或是贱。一个人一生做过什么样的事情，说过什么样的话，对社会和他人又产生了什么样的影响，才是衡量这个人精神高低和财富多寡的标准。

古罗马的哲学家西塞罗曾经说过："追求财富的增长，不是为了满足一己的贪欲，而是为了要得到一种行善的工具。"

李嘉诚身体力行，用自己高尚的行为践行着他的人生哲学。他曾经说过，努力工作是为了自己，也是为了社会。为自己工作，李嘉诚成就了辉煌的事业，获得了丰厚的财富；为社会工作，他又拥有广阔、博爱的胸怀，得到了社会各界的认可和尊敬。

财富来自社会，理应回报社会。当记者问李嘉诚："几十年来，到底是什么东西始终让您保持对公益事业有如此的激情？"他说："最要紧的就是内心世界，当你感到世界上有很多不幸的人，那么，你能力做得到的，你这一生应该好好尽心尽力去做。你明明有多余 10 倍、

100倍都不止的钱时，为什么不用钱去帮助那些需要帮助的人呢？做了这些事，一生之中，也会变得有意义多了。我如果再有一生的话，我还是走这条路。社会要进步，离不开支持关怀，这方面，你可以带给很多的百姓幸福安乐。"

李嘉诚建立基金会投身于各种慈善事业，最让他花心思的就是"宁养服务"，这是对罹患肿瘤疾病的病人所做的一项临终关怀服务。李嘉诚曾经在接受采访时说过这样的一段话："我在香港有不少朋友因为肿瘤病过世了，过世之前受过不少痛苦。照我看，如果一个女人分娩的痛苦假如是50%的话，最痛苦的时候是60%，但是这个肿瘤的病症是可以达到100%的。我去医院看望这个朋友之后就想，在内地也应该有这样的病症，假如家庭环境不好的话，用什么去关怀他呢？我去跟大学的医学院说，我希望在汕头建试点，如果好的话，两三年之内，在全国推广这件事。他们提议用'临终关怀'，我说这个名字用得不好，你跟病人医疗的时候，说是临终关怀，是不行的。"

关于宁养医疗这种服务，李嘉诚号召大家一起努力，共同帮助身陷苦难中的人们，他说："现在全国共有二十家，坦白来讲，这个是完全不够的，就是加一百倍，也是不够的。但是，我不能将所有的精力放在这个问题上，最要紧就是希望大家一道努力，那么这力量就大了，单凭我这个人，是做不大的。"

李嘉诚的基金会帮助过很多人，虽然素昧平生，但这并不能成为他行善的阻碍。在李嘉诚眼里，从商做生意给他带来的是物质财富，但做慈善带给他的是满满的精神财富。

　　李嘉诚用自己的亲身经历告诉我们，积累财富的意义在于能够在力所能及的情况下帮无助的人过较好的生活，对社会有所贡献远远比赚取财富更有意义，更值得他用一生去追求。

　　李嘉诚曾说，自己的财富源于社会，因此也要用于社会。他密切关注祖国的腾飞和发展，一心想要尽自己的最大力量为祖国、为家乡做出贡献。自20世纪90年代以来，李嘉诚的商业投资涉及很多领域，从旧城区改造到能源、旅游等共计投资已达六十多亿美元。他为内地的经济建设和发展做出了巨大的贡献。

　　除了李嘉诚，国内外的许多精英人士通过自己的不懈努力获得成功之后，都不约而同地选择回报社会。他们深深地懂得，自己的财富来自社会，把这些财富中的一部分人通过捐献的方式回馈给社会，才是一个真正的商人应该做的。

　　霍英东在风起云涌的商界叱咤多年，他始终坚信：做人，关键是问心无愧，要有本心，不要做伤天害理的事。霍英东一生乐善好施，热心公益慈善事业，为国家发展和现代化建设事业做出了重大贡献。中科院院士卢永根，一生节俭，但他却为中国的教育事业捐献了毕生积蓄——八百八十多万元。他说："党培养了我，将个人财产还给国家，是做最后贡献。"

　　财不是富，富也未必贵，一个真正富有的人在拥有财富的同时，还能设身处地为更多的人着想，把帮助他人作为获得人生快乐的途径，拥有这种胸怀的人才是真正的富贵。他们热心公益活动和慈善事业，他们为条件差的地区修建学校、赠送教学用品，给有需要的地方兴修养老院，为残障人士建设福利工厂……这些乐善好施者，在付出时间和精力的同时也收获了真正的快乐。

在李嘉诚的人生哲学中，奉献社会意义重大。他曾说："人生在世，能够在自己力所能及的时候，对社会有所贡献，同时为无助的人寻求及建立较好的生活，我会感到很有意义，并视此为终生不渝的职责。"

我的"第三个儿子"是基金会

> 　　快乐并非来自成就和受赞赏的超然感觉，对我来说，最大的幸运是能顿识内心的富贵才是真的富贵，它促使我作为一个人、一个企业家，尽一切所能将上天交付给我的经验、智慧和财富服务社会。

　　范仲淹在岳阳楼写下"先天下之忧而忧，后天下之乐而乐"的名句；杜甫在茅屋中吟出"安得广厦千万间，大庇天下寒士俱欢颜"的绝唱。儒家讲仁爱，佛家讲慈悲，道家常言上天有好生之德。与人为善，悲天悯人，以天下为己任是中国人数千年来不曾改变的赤子之情。

　　先哲们用实际行动来体现自己心存善念、乐善好施、助人为乐的美好、崇高的品德。但时至今日，随着社会的进步、经济的发展，很多人只在乎房子、车子、票子，每天都忙着升职加薪，原本温馨、和谐、友爱、互信的人际环境变得冷漠而势利，乐善好施、乐于助人的思想被事不关己、高高挂起的心态所代替，这样的情形让人心痛。

不过也有一部分人已经意识到了这种社会现象所带来的不良影响，并且以身作则、身体力行，希望可以扭转这种不利于社会健康发展的现象。值得庆幸的是，他们的善举、善念已经取得了很大的成效，正在积极地影响着更多的人去帮助他人，共创和谐社会。

在取得了一定的成功后，李嘉诚开始尝试着捐款，帮助身陷困苦中的人们。正是在不断捐款的过程中，李嘉诚意识到，他迫切需要一个完善的机构来保证捐款顺利进行，也只有这样才能帮助更多需要帮助的人。

经过多方筹划，在 20 世纪 80 年代，李嘉诚成立了"李嘉诚基金会"。其实，在办基金会的时候，李嘉诚也曾迷茫过，他常思考一个问题，自己把这些年辛辛苦苦赚的钱，投入到基金会，捐赠给那些素昧平生的人，这样做的意义何在？是否值得？最后，李嘉诚想明白了，他要把他的基金会当作自己的"第三个儿子"来对待。那么，把财产的三分之一拿出来给这个"儿子"就一点也不过分了。

"李嘉诚基金会"的管理特色是：不动用现有的资产，基金会用多少，李嘉诚就补多少。打个比方，如果第一年基金会花了一亿港元，那第二年李嘉诚就会自己掏出一亿港元补上去。

李嘉诚曾说过："我对教育和医疗的支持，将超越生命的极限。"到目前为止，基金会的捐资已达八十多亿元，主要捐助对象包括教育、医疗、文化等公益事业，且基金会没有任何收益。

众所周知，李嘉诚的父亲是因病逝世，他本人也与病魔抗争多年，深知身体健康、生命安全的重要性，所以他非常关注医疗事业。他的一系列慈善行为正在唤醒人们的善念和慈善意识，积极影响着更多的人参与到慈善的行动中来。

慈善不应该是怜悯或者同情，应该是一种理解和支持。我们应该把慈善理解成一种社会责任感，一种奉献精神。

李嘉诚的母亲是虔诚的佛教徒，很小的时候，李嘉诚就受到母亲的影响，懂得了博爱。在母亲的影响下，李嘉诚的心里充满了对苦难者的同情和怜惜。所以，当他事业稍有成就的时候，他就开始为公益事业做贡献，并将发展慈善公益事业视为自己终身的使命，持之以恒地做下去。

李嘉诚曾说："我成长在战乱中，回想过往，与贫穷及命运进行角力的滋味是何等深刻，一切实在是不容易的历程。从十二岁开始，一瞬间已工作六十六载。我的一生充满挑战，蒙上天眷顾和凭仗努力，我得到很多，亦体会很多。在这全球竞争日益激烈的商业环境中，时刻被要求要有智慧、要有远见、要创新，确实令人身心劳累；然而尽管如此，我还是能高兴地说，我始终是个快乐的人，这快乐并非来自成就和受赞赏的超然感觉，对我来说最大的幸运是能顿识内心的富贵才是真的富贵，它促使我作为一个人、一个企业家，尽一切所能将上天交付给我的经验、智慧和财富服务社会。"

给予往往比索取更快乐，它是一种福分，一种功德。李嘉诚用一生来履行自己服务社会的这个心愿，给需要帮助的人提供帮助。李嘉诚认为有能力为社会做贡献是一种福分，而这正是企业家最宝贵的力量。李嘉诚将慈善作为一种社会责任来践行，他的善行义举被人们传颂并争相效仿，并取得政府的支持。他的行为影响了一代又一代的商人身体力行做善事。

其实，从一个人所拥有的金钱观能看出这个人是否拥有一颗悲悯之心。有人曾问美国慈善家查克·费尼："为何非得把所有的钱捐得一干二净？"他的回答是："因为裹尸布上没有口袋。"李嘉诚也说过，他赚的钱，这辈子甚至几辈子都用不完，为什么不拿出来帮助那些需要它的人呢？善良悲悯的人会以天下为己任，将帮助、解救他人看成自己的使命，并立志要将它做好。

实际上，慈善不是企业家的专利，也不应该只是个人的自发行为，它应该成为社会中每个人的使命，每个人都要尽自己所能去帮助他人。

在李嘉诚的心中，慈善是一种需要用心去经营的事情，它绝非捐赠几个钱那么简单。而且，做慈善需要把目光放长远，需要有持久性、合理性，不能够捐一些钱后就不再过问，最后将它变成一个面子工程。

李嘉诚把基金会当作自己的"第三个儿子"，就是要做到对它持续地关注，关注每一个项目的进展。而这或许才是做慈善的真正意义所在。

将慈善的种子，播撒到每个人的心田

> 世界上的人要做成每一件真正有价值而值得骄傲的事情，都必须有正确的人生观，为理想和目标付出时间、努力、坚强的意志和奋斗精神……大家应以崇高的价值观，付出爱心、精神，善用宝贵的资源贡献社会，共同为人生留下美好的种子。

在做慈善这方面，李嘉诚不仅自己身体力行，还鼓励和号召身边有实力的企业家来帮助那些需要帮助的人。可以说，李嘉诚将一颗慈善的种子播撒到了每一个企业家的心田中。

1984 年，中国残疾人福利基金会成立后第一次赴港，李嘉诚就捐赠了两百万港币。1991 年 8 月 9 日，中国残疾人联合会主席邓朴方在香港与李嘉诚再次会面。邓朴方说，他们把捐款作为"种子钱"，每拿出一元钱，就会带动各方面拿出十倍以上的配套基金，一并投入残疾人最急需的项目。

同年的 8 月 16 日，李嘉诚与邓朴方先生再次会晤。他对邓朴方说，他和两个孩子经过考虑，决定捐一亿港元，也作为一粒种子，通过各方面的共同努力，五年内把内地 490 多万白内障患者全部治好。

1991 年 12 月 29 日，国务院颁发了《中国残疾人事业"八五"计划纲要》及与其配套的十六个业务领域实施方案，李嘉诚通过考察筛选，把他的一亿港元投入到最急需资金的八个项目中。为了这个计划，从中央到地方，各级政府也投入了十几亿资金，同时，社会各界人士也热切关注，并积极赞助。

从 1991 年到 1995 年，李嘉诚提供资金保障，给低视力人群配用助视器，为他们带来了光明的希望，并且使 107 万白内障患者通过白内障复明修复手术恢复了视力；6 万失聪儿童通过听力语言训练，恢复了说话能力；10 万名弱智儿童经过专业的训练，不但提高了生活自理能力，还具备了一定程度的认知能力和社会适应能力；36 万名罹患小儿麻痹症的患者逐渐康复，截至 2000 年，做过手术的 124 万小儿麻痹症患者基本得到了矫治。

李嘉诚播下的这颗"慈善"的种子，为残疾人事业做出了巨大的贡献，当然，他的贡献不止如此。李嘉诚还资助建设了 30 个省级残疾人综合服务设施项目，主要是为残疾人提供全方位的服务。还针对性地为 6752 万孕妇、婴儿等特需人群提供碘油丸，不仅控制了他们缺碘的病症，还使新生儿的智力得到了一定的提升，预防先天智力缺陷的发生。

21世纪来临之际，中国残联决定实行《长江新里程计划》，这项计划的主旨是为扶助残疾人开创人生新里程。从2000年到2005年，这一计划的主要任务目标包括长江普及型假肢服务、中西部地区盲童入学、盲人保健按摩师培训、聋儿语训教师的培养以及基层残疾人综合服务。

李嘉诚为这个计划捐款六千万港元。后来，李嘉诚觉得这项计划非常有意义，于是，又主动追加四千万港元的款项，合计起来，他一共捐出了一亿港元。不仅如此，他还号召其他企业家捐款，共同为这个计划、为国家的残疾人做自己力所能及的事情。

李嘉诚说："世界上的人要做成每一件真正有价值而值得骄傲的事情，都必须有正确的人生观，为理想和目标付出时间、努力、坚强的意志和奋斗精神……大家应以崇高的价值观，付出爱心、精神，善用宝贵的资源贡献社会，共同为人生留下美好的种子。"

李嘉诚举办过很多次公益活动，帮助过很多人，用实际行动来证明自己要将乐善好施、扶贫济困的传统美德发扬光大，将慈善事业和社会公正提升到一个新的高度的决心。

李嘉诚的慈善义举不仅为中国的企业家树立了一个良好的榜样，赢得了世人的认可和尊敬，也给社会树立了做善事的正面典型，将善心扩散到每个人的心中，带动了更多的人参与到扶贫济贫的公益事业当中，力求能够帮助每一位有困难的人。

Chapter 6

做人有原则

——规范自我，树立榜样

树大招风，经商要懂得低调

> 　　一个人有一个人的人生观，我的人生观就是我做的都是自己认为对这个国家民族有利的，只要能这样做下去的话，那么没有我的名字是不要紧的。只要做好这个事业就行。

　　李嘉诚虽拥有庞大的商业帝国，可以称为"商业巨人"，但在日常的生活中，他从不摆出高高在上、盛气凌人的架子。相反，他待人宽和，对人尊重。而他平易近人的好性格，也让他的事业如虎添翼，并因此获得不小的收获。

　　加拿大记者 John Demont 这样称赞李嘉诚："他不摆架子，容易相处而又无拘无束，他可以从启德机场载一个陌生人到市区，没有顾及个人安全问题。他甚至亲自为客人打开车尾厢将行李放进去，然后让司机安坐在驾驶座上。后来大家上了车，他对汽车的冷气、客人的住宿，都一一关心到，他坚持要打电话到希尔顿酒店问清楚房间定好了没有。当然，这家世界一流的酒店也是他名下的产业。"

在潘石屹的博客中，曾有一段关于他参加李嘉诚宴客时的描写：李先生事先已经通过秘书了解了宾客的详细资料，并且在宴请前等候在电梯口迎接客人，每桌都设有李先生的位子。宴会开始后，李先生做了简短的发言，然后李先生会在每个桌上轮流坐上大约十分钟的时间，向每一个到场的人致意问好，并且面带微笑，倾听每位宾客的自我介绍，在场的每一个宾客都能感觉到自己是李先生今天非常重要的客人，让人觉得暖心。

一位在商界叱咤风云的人物如此谦虚待客，实属少见。李嘉诚以亲和的态度对待他人，甚至关照到每一个细节，没有一丝一毫的傲慢自大，他的这种虚怀若谷、不骄不躁的心态着实令人钦佩。

李嘉诚即使身居高位依然不骄不躁，素心如初，他沉静如水、温文尔雅的处事风格应该是他本人的最大魅力之一。也难怪，他被称为商界的"常青树""李超人"。可以说，李嘉诚的沉稳与谦和、淡定与坦然是他人生走向成功的助力。

李嘉诚说："保持低调，才能避免树大招风，才能避免成为别人进攻的靶子。如果你不过分显示自己，就不会招惹别人的敌意，别人也就无法捕捉你的虚实。"

低调、谦虚之人往往比蛮横无理、飞扬跋扈的人更能让人喜爱和接受。本分、诚恳之人做生意，可能暂时不能将生意做大，获得巨额的财富，但从长远的眼光来看，却能基业长青，立于不败之地；而弄虚作假之人做生意，可能很快就获得了巨额的财富，但这样的财富肯定不会长久存在，稍纵即逝是大有可能的事情。

李嘉诚虽拥有显赫的地位，但是他从未颐指气使、不可一世，不管是对待比自己地位高还是地位低的人，都保持着低调、平和、谦逊的态度。李嘉诚的这种品格，香港广告界著名人士林燕妮有深切的体会。

以前，香港的广告市场属于买方市场，香港的广告商的地位都比较低下。大多数的情况下都是广告商自己去找客户做广告。而对于客户，根本不存在找不到广告商的状况。这样一来，广告商和客户之间的地位就严重失衡，很多客户根本不将前来谈合作的广告商看在眼里，且经常表现出一种盛气凌人的姿态。

有一次，正赶上下雨天，李嘉诚的长江实业总部与广告商林燕妮有一笔生意要谈。一般情况下，客户最多就在办公室等她，而这就已算是很不错的待遇了。但是令林燕妮没有想到的是，那天，她到李嘉诚的长江实业总部的时候，已经有李嘉诚指派的服务员在电梯口等她了。该服务员见到林燕妮后很是热情，并一路将她送到楼上李嘉诚办公的地方。

因为外面下着雨，林燕妮的衣服被淋湿了。李嘉诚看到后，非常周到地帮她将湿掉的外衣脱了下来，并挂在衣架上。李嘉诚态度温和、举止周到，丝毫没有因自己地位高而摆出盛气凌人的架势。这让长期以来备受他人责难的林燕妮非常感动。

其实，长久以来，不管对谁，李嘉诚表现得都是平易近人、和蔼可亲的。就连李嘉诚公司的员工和客户都觉得他从不摆架子，不炫耀，是个非常低调、朴素的领导。

古人云："地低成海，人低成王。"地不畏其低，方能聚水成渊；人不畏其低，故能孚众为王。以低求高，以曲求直，是一种姿态，一种修养，也是做人的一种品格。正如明朝杨慎所著《韬晦术》中所说："谋大者无形，音大者无声。"真正的伟大往往弥漫于普通、谦逊之中，是无边无界、浩然无限的。

一个人能够谨慎低调地做人做事，这是一种境界，一种风范，更是一种思想，一种哲学。一个人千万不要因能力、权利和地位的高人一等而对他人表现出不屑的态度，如果是这样，那么这个人就算位高权重也难以服众，获得民心，取得大的成功。在这个纷繁复杂的社会中，不管是做生意还是做人，一定要学会低调做人，高调做事，因为这才是最好的处世之道。

在汕头大学的筹建过程中，有人建议李嘉诚以自己的名字命名这所大学，但是李嘉诚却拒绝了。他说："这个名呢，真的是——如果你建起一个大学，太多的股东的名字，这边一个，那边一个，我自己好像感到有不好的地方。有的人希望最好自己的名字更大一点儿，更醒目一点儿。但是，一个人有一个人的人生观，我的人生观就是我做的都是自己认为对这个国家民族有利的，只要能这样做下去的话，那么没有我的名字是不要紧的。只要做好这个事业就行。"

李嘉诚不仅自己保持低调的作风，还教导其儿子也要如此。李嘉诚的儿子李泽楷提出要自立门户，并不接受他的安排的时候，李嘉诚尊重了儿子的意见，并告诫儿子：树大招风，保持低调。

李嘉诚一生低调谨慎，但是难免树大招风，还是遇到了一些不顺心的事情。人们常说，不怕贼偷就怕贼惦记，说的就是这个道理。

1996 年，李嘉诚的长子李泽钜被绰号"大富豪"的张子强绑架。张子强也确实胆大，直接去了李嘉诚的家里说，李泽钜在自己手里，要想让他活命就拿出二十亿港元的赎金。

那时，张子强身上还绑着炸弹，为了保证儿子的生命安全，也为了避免再次被这些亡命之徒侵扰，久经沙场的李嘉诚没有报警，并果断地同意了张子强的要求。但是因为当时没有那么多的现金，只有十个亿。李嘉诚淡定地说，现金只有十亿，如果你要，我可以到银行给你提取。

张子强来的时候也已经做好了心理准备，但是他没有想到的是李嘉诚竟会如此镇定。最终，张子强同意李嘉诚交十亿港元的赎金，赎金交付后，张子强很快就将李泽钜放了回来。

其实，平时李嘉诚都是自己一个人开车去打球。这样一来，一些嫉妒他的人就可以毫不费力地将他拦截。在儿子李泽钜遭绑架之前，李嘉诚根本没有防备，所以，这次事件之后，他也加强了戒备。

李泽钜被放了回来后，李嘉诚和家人并没有将这件事进行大肆地宣扬，依然该干什么干什么。李嘉诚将这件事情一直压着，不让报纸大肆报道，害怕因为树大招风，再次被歹徒盯上。直到 2013 年的时候，李嘉诚在媒体的专访上，才将长子李泽钜曾经被绑架勒索的事情说了出来。

　　"木秀于林，风必摧之。"贫富差距越大，社会的不安定因素就会越多。因此，拥有了一定的地位和财富之人，一定要谦虚低调，不可自以为是，目中无人，因为世事无常，谁都不是常胜将军，谁都不会永远得势，千万不要被财富和权力冲昏了头脑，而为自己埋下不安的隐患。

　　不管是富豪还是普通人，我们都应该善待身边的每一个人，切不可恃强凌弱，傲慢无礼。也许在某一天，你曾经的善意就可以救你于苦难。所谓多个朋友多条路，顺境时多帮他人一把，就可多为自己留条后路。

　　一刚不如一柔，谦逊宽仁的态度可以化敌为友，而张狂的性格只会让你渐渐被孤立。成功需要合作，傲慢只能做一时的赢家，仁厚平和才能成为一世的强者。

以和为贵，方可纵横捭阖

> 做事要留有余地，不把事情做绝，有钱大家赚，利益大家分享，这样才有人愿意合作。假如拿百分之十的股份是公正的，拿百分之十一也可以，但是如果只拿百分之九的股份，就会财源滚滚。

孟子曰："天时不如地利，地利不如人和。"不管在什么场合，"和"都是最重要的，它是中国人历经几千年总结出来的经验，是一种智慧的结晶。而做生意不仅需要精明的计算，还要用"和"来建立良好的商誉。经商之人，切不可只顾为自己争夺利益，一定要照顾对方的利益，这样才能迎来更多的合作者，获得更多的利益。

李嘉诚一直秉持着"和气生财"的经商原则，无论是与合伙人还是与竞争对手都和睦、和谐相处。这也为他赢得了很多合作伙伴的好感和尊敬。

1987 年 11 月 27 日，香港政府要拍卖一块占地面积为 24.3 万平方英尺的公地。这个地方位于九龙湾，地理位置非常好，很多商家都看到了这个商机，想要将其收入囊中，进行充分开发，获得最大化的收益。当时，李嘉诚也来竞拍这块地皮。

这块公地的底价为 2 亿港币，每次的竞价单位是 500 万港币。竞拍开始以后，很多的地产大鳄纷纷喊价，李嘉诚也竞争了两次，又都被淹没在激烈的竞价中。就在竞拍进行得如火如荼时，有个人喊出了 2.15 亿的高价，李嘉诚觉得这个声音非常熟悉，就转头寻找声音的源头，结果发现是胡应湘。李嘉诚和胡应湘都是商场人士，二人本来就认识，相互含笑点头致意，就算是打招呼了。

随着出价声一声高过一声，很快，这块公地的价格已经被抬到了 2.6 亿。此时，李嘉诚毫不犹豫地将地价直接升到了 3 亿。我们都知道，一般竞价的时候，大家都想要以最低的价格获得竞拍品，所以每次的加价必不会太高。但是李嘉诚却"狮子大开口"，直接将价格往上抬高很多。在场的人都很惊讶。

就在大家你一言我一语讨论的时候，又有一人喊出了 3.55 亿港币的价钱，将价格又抬上了一个新高。此时，竞拍场上的气氛也达到了高潮，而喊出 3.55 亿价格的人就是胡应湘。

在这种气氛下，很多商家都等着看这两个人能将这块地皮炒到什么样的高价的时候，李嘉诚的得力助手周年茂悄悄地走到了胡应湘的助手何炳章身边，与他小声交谈了一会儿，随即离开了。但当时大部分人都没有注意到这个情况。

在所有人都以为李嘉诚和胡应湘之间会有一场激烈的角逐时，胡应湘却退出了竞投，不再应价。大家百思不得其解，而此时李嘉诚又报出了 4.95 亿港币的高价，所有人都震惊了。没有人再与他竞争，最后李嘉诚得到了这块地。

拍卖会结束后，李嘉诚对在场的商界大鳄宣布，这块地为自己和胡应湘共同所有，他们会用这块地建造一座大型国际商业展览馆。也就是在这时候，人们才终于明白胡应湘为什么会突然放弃竞价。

李嘉诚说："做事要留有余地，不把事情做绝，有钱大家赚，利益大家分享，这样才有人愿意合作。假如拿百分之十的股份是公正的，拿百分之十一也可以，但是如果只拿百分之九的股份，就会财源滚滚。"李嘉诚一直秉承和气生财的理念，在商海中纵横捭阖。以和为贵是他笃信的原则。他相信合作方能共赢。

李嘉诚在与胡应湘竞争九龙湾这块地的时候，坚持了"以和为贵"的竞争原则，适时地拿出一些利益给竞争对手，使自己不仅顺利得到了这块地，同时，也与竞争对手之间建立了和谐共赢的关系，为将来的生意发展赢得了一个合作伙伴。从眼前的情况来看，李嘉诚是暂时损失了一些利益，但是从长远看来，李嘉诚却赢得了更多的利益。

在商场上，做生意势必需要合作伙伴，而且因为生意的不同，合作伙伴也会有相应的变化。商人之间其实都是互利共生的关系，不可能独立存在，因此需要商家以"和"为贵，合作共赢。

冤家宜解不宜结，这个世界上没有永远的敌人。尽管商人最看重的是利益，但是也不能因为一味地追求利益而丧失为人的道德品质。商人没有道德，一味注重利益，最终也将被利益所抛弃。

做生意，"和气"方能"生财"，并不一定要争强斗狠，其实给别人留余地，就是给自己留后路。成功的商人都非常看重"和"字，不管是商家与客户间的和，商家与合作商之间的和，还是商家与社会间的和，都关乎着自己所经营的生意。

李嘉诚认为，在现代社会，做生意其实就是做人情，人情做好了，才能有后续的互相合作、共同发展。对待合作伙伴，李嘉诚一直非常大气，不愿对利益紧抓不放，宁可让自己吃亏，也不能让别人吃亏。他的这种做法为他赢得了很多合作商，很多合作商都愿意与其合作。也正因如此，李嘉诚的商业王国才越做越大。

好人的榜样，是看得见的哲理

商业的成功，取决于做人的成功。做生意的人都精明能干，可是并不是每个人都能成功。关键在于，你得靠自己踏实的做人之道赢得别人的信任，让别人愿意和你达成交易。

英国有句谚语："好人的榜样，是看得见的哲理。"好榜样犹如大海中的灯塔，让远航的舵手能够按照正确的航线前行，避免发生危险；坏榜样就像是毒品，能够腐蚀人的灵魂，侵害人的身体，将人推进万丈深渊。从古至今，但凡有一定成就的人，他们都将伟大之人作为自己学习的榜样，效仿的楷模，进而不断完善自己，期望自己也能成为别人学习的榜样。

第二次世界大战的时候，英国有一个元帅叫蒙哥马利，每次出征之前，他都会用慰问的方式来给自己的士兵加油、打气。他希望通过自己的这种方式使士兵们克服恐惧，放弃一切杂念全身心地投入到战场上去。在北非战场上，蒙哥马利的军队英勇奋战，所向披靡，把敌军打得节节后退。由此，我们可以感觉到一个好的领导者是多么重要。

李嘉诚一直将"做好人""做好事"奉为自己一生要遵循的行为准则。李嘉诚认为，要想成为一个成功商人，首先要学会做人，其次才是做事。他曾说："商业的成功，取决于做人的成功。做生意的人都精明能干，可是并不是每个人都能成功。关键在于，你得靠自己踏实的做人之道赢得别人的信任，让别人愿意和你达成交易。"

李嘉诚经常对自己的员工说："自己没有做好，怎么能要求别人做到呢？"他知道员工都不怎么喜欢开会，因为开会比较耽搁工作。于是，他就要求公司的领导层一定要注意开会的时间，最多只能用四十五分钟。这就使得高层主管在开会之前，一定要将时间计算好，提高工作效率，务必在规定的时间内将事情讲完。

李嘉诚虽然是公司的最高领导者，但他从来没有违反过自己设立的规矩。

有一次，公司开董事会，李嘉诚和几名董事一直在商量重要的事情，没有注意时间，等到发现的时候，时间已经过去了九十多分钟了。因为此次会议讨论的事情紧急，关系到公司的一些重要决策，有人就向李嘉诚申请，希望能够破一次例，继续会议。但李嘉诚却果断地散了会，并严肃地对董事们讲道："大家都是公司的高层人员，公司上下数千双眼睛都盯着我们看，我们要给员工做出一个好的榜样。"

其实，在刚开始有这个时间限制的时候，公司的员工及主管都非常不习惯，会议的时间常常超过限制。当有些事情在会议上不能说完的时候，主管们就不得不私下找时间再开会，非常麻烦。但是，老板李嘉诚自己都做出了好榜样，员工也就必须执行了。

为了能够在规定的时间内把工作说清楚，很多主管开始不断地调整自己的讲话方式，以期达到在规定的时间内将事情讲完的目的。渐渐地，大家也习惯了这样的规定，工作效率也大大提高了。

每天早上，李嘉诚总是第一个来到公司，当员工到公司的时候，李嘉诚已经收拾齐备，早已进入工作状态了；晚上下班的时候，李嘉诚又是等到所有的员工都离开了，他才下班。在李嘉诚离开之前，他还要将公司的每个地方都重新检查一下，并关上打印机、复印机等机器。

李嘉诚的这种敬业的精神，他的员工都看在眼里，并由衷地佩服他。有一些年轻的员工觉得李嘉诚已经是老人了，每天还能够如此勤奋，如此坚持，真的很难得。

李嘉诚每天早出晚归，这在潜移默化中影响着公司的员工，虽然李嘉诚没有规定员工必须要早到公司多长时间，但是员工看着李嘉诚这个好榜样，也就自觉得开始努力奋进。正所谓："好人的榜样，是看得见的哲理。"

海尔总裁张瑞敏曾说："管理者要是坐下了，部下就躺下了。"上行下效，李嘉诚以身作则，为自己的员工树立了好榜样，因此，他的员工才更愿意服从他的领导，按照他的要求将工作干好。

　　试想，一个企业的领导者自己都不能遵守规定，员工自然也就不会遵守规定，也就不会服从领导者的管理了，甚至会产生逆反心理。而这样的企业也最终就会成为一盘散沙，根本不可能做出好的业绩。

　　员工是企业的灵魂，领导者一定要以身作则，给员工树立一个好榜样。孔子说："其身正，不令而行；其身不正，虽令不从。"李嘉诚不愧为"李超人"这个名号。他身上真真切切地体现着伟大的企业家精神，而这种精神也是值得一代又一代的年轻创业者学习的。

让你的敌人都相信你

要有信用，令人家对你有信心。我做了这么多年生意，可以说其中有百分之七十的机会，是人家先找我的。一生之中，最重要的是守信。我现在就算再有多十倍的资金，也不足以应付那么多的生意。这些都是为人守信的后果。

李嘉诚曾说："良好信誉的开始就是一个成功企业的开始，信誉伴随着财运，这也是一个商人应该具备的商业道德，如同做人，要忠诚、讲义气，每一个承诺都不能忘记。"

李嘉诚是一个非常注重诚信的人。可以说，李嘉诚的诚信为他的商业帝国打下了良好的根基，带来了巨大的利益。他的名字已经成为商业领域的金字招牌。他曾说，只要是自己答应别人的事，就算是吃亏也一定要做，正因为如此，很多人都说，他答应的事比签合约还管用。

2002 年的时候，李嘉诚旗下的长虹生物科技公司要上市融资。但是，当时长虹生物科技公司全年的营业收入仅有几十万港币，细细算下来，公司根本就没有利润。

没有利润，怎么谈融资？一般的公司经营状况要是这样的话，要想融资，根本是不可能的。可是，李嘉诚的长虹生物科技公司却融到了资。当公司发行股票的时候，很多香港人还是认购了股票，并使长虹生物科技公司顺利上市。

在公司经营状况一般，盈利很少的时候，香港人却仍然愿意跟着李嘉诚投资，其实，非常重要一点就是他们都相信李嘉诚，相信李嘉诚的信誉，相信跟着李嘉诚投资不会吃亏。

世界上精明的人很多，但是让别人信服且愿意、喜欢与其交往的人则很少。讲诚信的人就像是清澈的湖水，自然、和谐、通达，时刻给人一种清爽透彻的感觉，而这样的人，别人也愿意与其合作；反之，失信之人就像是充满淤泥，浑浊不清的河水，让别人看不透，摸不清，因此别人也就不愿相信他，不敢与其合作。

有人问李嘉诚成功的要诀是什么？李嘉诚说："成功的重要条件是：让你的敌人都相信你。要做到这样，第一是诚信……敌人相信你不单只是诚信，敌人相信你是因为相信你不会伤害他……第二是自强不息，努力工作，坚忍不拔，做到极致。但只有这些还不够，更重要的还是知识，尤其要掌握自己所要从事领域的知识。"

中国人经常说："留得青山在，不怕没柴烧。"在商业投资中，诚信就像是"青山""柴"，只要有它在，就不用害怕没有资金，没有生意。不讲诚信，运用小聪明也许会获得短期的利益，但是注定不会走得长远，也不可能站得更高。

一个人只要一次没有诚信，那么下次别人便不会再相信他，也就不会再与他谈商业合作。李嘉诚认为，以诚为本，才能永远有饭吃，才能做大生意。这个道理人人都知道，但却不是每个人都能践行。

1986 年，李嘉诚决定以私人方式出售在香港电灯集团公司所持有的 10% 的股份。恰好在这时候，他又收到港灯集团将要获得巨额利润的消息。此时，李嘉诚身边的人就劝他，现在 10% 的股份还没有售出，我们可以将这个计划先暂停，等到港灯的股票上涨的时候再售出，这样就会获得更多的利润。

李嘉诚是一个精明的商人，他当然知道这一点，但同时他也是一个讲诚信的人，他将诚信看得比自己的利益更重。于是他拒绝了这个提议，坚持按照原计划出售股份。李嘉诚说，还是留些好处给买家好，将来再配售会顺利点，赚钱并不难，难的是保持良好的信誉。

《远东经济评论》发表评论：有三样东西对李嘉诚的长江实业至关重要，它们是名声、名声、名声。李嘉诚自己也说："要有信用，令人家对你有信心。我做了这么多年生意，可以说其中有百分之七十的机会，是人家先找我的。一生之中，最重要的是守信。我现在就算再有多十倍的资金。也不足以应付那么多的生意。这些都是为人守信的后果。"

李嘉诚恪守诚信，虽然失去了短期的利益，但是他却得到了诚信的美誉和很多商家的肯定，这也让他在以后的商业路上收获了更大的利益。

人不可无诚信，国更不可无诚信。

周幽王为了博得宠妃褒姒高兴，下令点燃烽火台，使得附近的诸侯看到都城附近的烽火台上的烽火被点燃以为发生了紧急情况，就火速赶来救援，到了以后才知道被骗了，于是非常恼怒。后来，西部一个叫犬戎的少数民族真的对周发起了进攻，周幽王无法抵挡，于是就点燃救急的烽火。但是各诸侯不再相信周幽王，以为又是假的，就没有去支援。最后敌军攻入，周幽王被逼自刎，褒姒也被掳走。周幽王落得个国破家亡。

诚信是人一生最重要的资本，丢失了诚信就如同丢失了人格，轻则损失一笔生意，重则可能国破家亡，如周幽王。

有些人认为诚信是有钱人的专利，有钱、有资本就有信用，这是错误的想法。诚信的品格、精明的才干、吃苦耐劳的精神是很多钱和资本换不来的。我们都知道，很多投资家和银行家不会去投资资本雄厚但没有诚信的人，而会去帮助一些虽然没有资本，但是品行良好，具有潜质的人。他们是过来人，他们深知诚信对于一个人，甚至说一个行业的重要性。

坚守信用是成功的关键。一个人要想赢得别人的信任，就要注意自我修养，善于自我克制，要发现自己的缺点并将其彻底改正。与别人商议好的合作事情要坚决执行，做到言出必有信，不可因自身利益，就终止交易。

建立诚信需要花费很多的精力和时间，但是将其毁掉却只需一瞬间，而再次建立诚信也是难之又难。李嘉诚曾戏言，自己不符合中国"无奸不商"的标准，不是"做生意的料"。但是他却将生意做得非常成功，是很多符合"无奸不商"标准的人不能相提并论的。

做到"仁慈的狮子"，你就成功了

做人如果可以做到"仁慈的狮子"，你就成功了！仁慈是本性，你平常仁慈，但单单仁慈，业务不能成功，你除了在合法之外，更要合理去赚钱。但如果人家不好，狮子是有能力去反抗的，我自己想做人应该是这样。

李嘉诚认为做生意首先要学会做人，既要有强大的实力和能力，又要有宽和、仁爱的品性。古语云："天行健，君子以自强不息；地势坤，君子以厚德载物。"男儿当自尊、自强，谦和有礼，更不能让他人随意欺侮了去。

李嘉诚深谙商场竞争之道，但是也懂得仁义礼智信的文化，因此很多时候，李嘉诚选择留有余地地自证清白。

李嘉诚创办长江塑胶厂，引进德国的先进技术，生产出新型塑胶花，并凭借低价位迅速打开市场，在与意大利原创公司的竞争中反败为胜，成为香港塑胶花的龙头老大。

李嘉诚的塑胶花因物美价廉得到了消费者的一致好评，有了消费者的宣传和推广，李嘉诚的塑胶花畅销海内外。来自新加坡、泰国、菲律宾、马来西亚、印度尼西亚、越南、印度等国的订单像雪片一样纷至沓来。

常言道：人怕出名猪怕壮。树大就会招风。李嘉诚的塑胶花生意做得那么好，自然有人会眼红。一天早上，李嘉诚的秘书急急忙忙地给他拿来了一份报纸，报纸上刊登着关于他的一大段内容：李嘉诚不过是茶楼跑堂出身，后在中南钟表公司当学徒，然后又跳槽到无名小五金厂当推销员，最后看到塑胶业火了，就自己办了小作坊，拿塑胶花四处招摇，这样没有职业精神和专业技术的人，大家还是不要相信他。

这很明显就是竞争对手对李嘉诚的恶意诋毁。看完这段文字，李嘉诚并没有动怒，只是对身边的助手笑了笑。然后他把报纸往桌子边上一放，继续工作。

李嘉诚不打算追究此事，但是公司的管理层认为，如果就这样放任舆论、媒体胡写、炒作下去，势必会对长江塑胶厂产生负面影响。因为如果只是诋毁李嘉诚一个人，倒没什么，毕竟和李嘉诚合作过的人都了解他的为人，这些言论在商界也起不了什么太大的作用，但是对方诋毁了长江塑胶厂，这事态就严重了。

其实，长江塑胶厂的管理层的考虑是正确的，毕竟长江塑胶厂才刚刚起步，如果任由这份报纸四处扩散，广大消费者肯定会被报纸上的内容误导，认为长江塑胶厂的塑胶花质量不好，进而直接影响产品销量。

后来，李嘉诚也意识到这份报纸上的内容不容忽视，但他依然保持冷静，几番思量过后决定将计就计。李嘉诚选择直接从媒体入手，先联系到这家报社的主编，据理力争，一针见血地指出了对方的错误。

李嘉诚说：“我们长江塑胶厂生产的产品都是经过市场检验的质量过硬的产品，我们曾经在产品质量这方面栽过跟头，不可能犯同样的错误！你们没有进行实际的调查就没有发言权，这样乱给我们扣帽子的行为是不负责任的，这样会误导消费者，后果很严重，你们到时候必须承担相应的后果。”

其实，指出对方的过错，批评对方，并不是李嘉诚的本意，他只是想通过这样的方式震慑对方。说完那一席话后，李嘉诚又将自己生产的塑胶花放在了报社编辑的面前，让在场所有的编辑检查，挑毛病。这些编辑也没有找到有瑕疵的塑胶花，但他们对李嘉诚还是不信任的。

李嘉诚知道，报社的人员肯定会怀疑他只是带了合格的样品过来，于是，他就现场邀请报社编辑和相关专家一起到他的工厂里面参观。希望通过实地考察，还长江塑胶厂一个清白。

李嘉诚的态度异常坚决，不容置疑，最终说服了报社的总编辑同意了他的提议，根据长江塑胶厂的真实情况重新写了一份报道。报社又派人到李嘉诚的塑胶花厂重新拍摄了有关厂房、设备和塑胶花产品的照片，这样既可以给广大消费者展现一个真实的长江，又可以还长江以清白。

紧接着，报社又公开刊登了对长江的道歉声明，这相当于给长江做了一次免费的广告，不仅再次强化了长江塑胶厂诚信且优质的市场形象，而且在无形中打击了竞争对手。在这次事件中，李嘉诚化危机为转机，化被动为主动，没有和敌人产生正面冲突就打了漂亮的一仗，不得不说，李嘉诚确实是一个有勇有谋的人。

李嘉诚曾说："做人如果可以做到'仁慈的狮子'，你就成功了！仁慈是本性，你平常仁慈，但单单仁慈，业务不能成功，你除了在合法之外，更要合理去赚钱。但如果人家不好，狮子是有能力去反抗的，我自己想做人应该是这样。"

李嘉诚这句话中所体现的"仁慈但不怯懦，友善却不可欺"，和西格里夫·萨松说的"心有猛虎，细嗅蔷薇"有异曲同工之妙。

塞翁失马，焉知非福。生命旅程中所遇到的挫折、磨难、坎坷不一定都是坏事，有时坏事也有可能变成好事。老子曾说："祸兮，福之所倚；福兮，祸之所伏。"面对他人的诽谤、恶意中伤，不要让自己被情绪所控制，要保持理智，冷静地分析问题，扭转局势，化不利为有利。

Chapter 7

生意不取巧

——经商要有是非观

企业家应该做好风险管理

> 赚多赚少是次要的，因为没有极限，但赔多赔少却是板上钉钉的事。赔多少，元气就会损失多少，只有那些懂得节制的、没有过分挥霍金融资源的企业才能赢得下一轮机会，而不是一次性被榨干，没有翻本的可能。

什么是风险？风险就像悬在头顶的一把达摩克利斯之剑，没有人能准确地判断它什么时候会掉下来。也就是说，风险不能提前排除，只能去防范。因此无论是对家庭还是对事业，我们都要具备一定的风险意识，做到及时防范，减少损失。

李嘉诚曾经讲过这样一个故事，大意是：一个比较小的国家，因为自身原因只拥有两万的精兵强将，如果这时候要攻打别的国家，那这个小国家至少要准备其自身国家两倍的兵力，这是为什么呢？原因很简单，当战争爆发后，随时可能出现意想不到的变化，如果这个小国战败，那就要撤退并且防御敌人的进攻，而在防御的时候，至少要拿出超过平常兵力的一倍去防御外敌。

李嘉诚讲的这个故事就是要说明，无论做什么事情都要事先去考虑风险性，并且根据风险去准备足够的力量。

很多企业在开辟一个新行业之前都喜欢去社会中做调查和研究，看看这个行业的市场有多大，前景有多广，利润有多高，然后再写出可行性报告。可行性报告一旦写出来，公司上上下下都表现得信心满满，一门心思就扑了上来。

与很多企业家不同的是，李嘉诚却热衷于做"不可行性报告"，他总是想，假如这个行业亏得一塌糊涂，有没有哪个行业来拾遗补阙呢？李嘉诚经常说的一句话是："一家公司即使有盈利，也可以破产，但一家公司的现金流是正数的话，便不容易倒闭。"

在全球刮起了金融风暴时，香港也不可避免地受到了冲击。很多富豪及投资者的财富缩水过半，连李嘉诚控股的公司市值也大幅贬值。即便在这样的情况下，李嘉诚依然信心满满，表示金融风暴对自己的公司影响不是很大。

面对全球性的金融危机，李嘉诚是哪里来的这么大信心呢？答案就是，他一贯都遵循"谨慎投资""现金为王"的投资理念。

有"郎监管"之称的郎咸平对李嘉诚的"风险准备"十分欣赏。在他看来，李嘉诚的"风险准备"思想是很多企业家应该学习和借鉴的。郎咸平曾说过："大量的现金、低负债比例和互补的行业选择是李嘉诚控制风险的三大法宝。"

1996 年的时候，香港的经济有了向好发展的趋势，房价和股价都出现了明显的上涨，而长实的资产也大幅增加，负债率保持着缓慢的增长速度。可是，到了 1997 年，亚洲金融风暴来临，很多企业瞬间都到了崩溃的边缘，资金链断裂，企业经营困难，负债高涨。在很多企业纷纷倒闭或艰难运营时，长实的流动资产仍然能够大于负债，资产负债率保持在 12% 左右，这可以说是一个奇迹。

事实上，在当时，并非所有人都能够对负债率有着清醒的认识。1996 年经济繁荣时期，负债率并非是衡量一个企业的重要指标，那时负债率低，反而会被看作过于保守，不受待见。但当金融风暴来临时，人们才发现李嘉诚的做法是多么明智。

李嘉诚曾说："你一定要先想到失败，从前我们中国人有句做生意的话：'未买先想卖'。你还没有买进来，你就要先想怎么卖出去，你应该先想失败会怎么样。因为成功的效果是 100% 或 50%，之间的差别根本不是太重要，但是如果一个小漏洞不及早修补，可能带给企业极大损害。所以当一个项目发生亏蚀问题时，即使所涉金额不大，我也会和有关部门商量解决办法，所付出的时间和以倍数计的精神都是远远超乎比例的。"

其实，很多企业都会出现对风险疏于管理的情况，而这种情况的发生，大多是因为管理者的冒进和急功近利。

一些企业家在过度地追求成功，追求利润，追求企业发展的时候，很容易产生急功近利的想法，脱离实际，主观臆断，甚至会一意孤行。

而此时，他们就会疏忽对风险的防范，致使自己陷入危机之中，当他们真的感觉到自己身陷泥潭中时，已经无路可退了。

作为一个房地产开发商，王石一直是一个自律者。在 2007 年、2008 年的时候，国家就对房地产市场进行过一次调控，当时，王石就率先抛出了"房地产拐点论"，积极响应，并适当地进行降价促销。

王石当时的做法不但获得了政府的肯定，也赢得了民众的一致支持和赞扬。若不是 2008 年的全球金融危机导致当时的调控政策流产，万科肯定会飞速发展。虽然这次的调控没有落地实施，但万科却仍获益颇多。

2009 年到 2010 年年初的时候，全国房地产市场出现了一片欣欣向荣的景象，一些城市的房价，呈现出翻倍增长的趋势。房地产市场中出现的这种状况引起了有关部门的高度重视。

为了进一步遏制房价过快上涨，切实解决城镇居民住房的问题，2010 年 4 月 17 日，国务院就有关问题向各省、自治区、直辖市人民政府，国务院各部委、各直属机构下发国发〔2010〕10 号通知——即房地产宏观调控新国十条。

这次调控被称为史上最严格的楼市调控，即便如此，房地产开发商们依旧没有降低投资的激情。很多开发商认为，这样的宏观调控不会长久，而且也不会有任何的作用，房价依旧会坚挺，持续走高。在这种心理状态下，开发商继续肆无忌惮地拿地、盖房。

但此刻，万科集团创始人王石却看到了不一样的内容。对于国家出台的房地产宏观调控新国十条，王石确实是认真地对待了，同时也清晰地认识到了开发商应该要懂得自律。

当国十一条出台的时候，王石积极响应，率先把北京的一些楼盘价格进行下调。由于降价促销的手段，万科回笼了大量的资金，当房地产市场再次火爆起来的时候，王石手中已经有了大量的现金作支持，因此，他才敢大胆地展开新一轮的"攻势"。王石不但自己做出了积极的表率，甚至还多次规劝同行，让他们不要与宏观调控政策相左，否则可能会受到更加严格的惩罚。

因此，作为企业管理者，我们一定要明白，不论在任何时候，头脑中都要存在风险意识。对事情做出决策的时候，我们不能只看到美好光明的未来，也应该考虑到前行的道路上可能会遇到的荆棘。可以说，一位卓越的企业家，也应该是一个最好的风险管理者。因为只有如此，企业才有可能在健康平稳的环境中顺利发展下去。

懂得合作，才能共赢

商业合作必须有三大前提：一是双方必须有可以合作的利益，二是必须有可以合作的意愿，三是双方必须有共享共荣的打算。此三者缺一不可。

俗话说："众人拾柴火焰高。"这句话告诉我们合作的力量是非常强大的。作为商业强人的李嘉诚也一直强调合作的重要性，他曾说，一定要给合作伙伴留有足够的利润空间，而这也是他一直强调的合作精髓。

我们应该知道，无论是做人还是做企业，双赢才是最好的结果。作为一名商人或者说企业家，我们更应该明晰双赢的重要性。企业双方进行合作，彼此应该多为对方的利益考虑，如果因为私心而让合作伙伴损失重大的话，这种合作关系必然难以长久，最终也会导致自身的利益受损。

企业之间进行合作，目的就会为了彼此的长久生存和发展，因此，合伙人之间应该建立一种相互补充、相互扶持的良性关系，充分发挥每一方的优势，切不可因为一点儿得失而失去彼此间的信誉。毕竟，良好的信誉能为企业赢得源源不断的利润，是企业基业长青的法宝。

1971 年 7 月，基辛格代表美国政府访华，中美建立外交关系，这一重大历史事件的出现给香港的经济带来了良好的发展机遇。李嘉诚也认为这是一个拓展事业的大好机会，虽然当时他已经是"香港华资地产五虎将"之一，但是与香港置地公司相比，他的公司还是差了一点。

当时香港有一些比较有名的建筑，比如，尖沙咀的环球贸易广场，香港国际金融中心（IFC）二期、会展中心、购物中心海苍城等，但这些都不是李嘉诚的"作品"，李嘉诚在这些标志性的地产领域并没有太大的建树。

尽管如此，李嘉诚还是决定与置地一较高下，在如何与置地进行竞争方面，其实，李嘉诚心里早就做好了打算，他第一次明确地喊出了超越香港置地公司的口号：我们的目的不是学习置地的成功经验，而是最终要超过置地的规模。

李嘉诚决定走"农村包围城市"的路线。他这样分析，香港置地公司的老巢在中区，而中区的物业发展已到极限，成本太高。以长江目前的资金储备，不适合贸然到中区扩展，不过我们可以曲线灭敌，先到发展前景大、地价处于较低水平的市区边缘和新兴市镇去拓展，待资金雄厚了，再与置地正面交锋。

在明确了"农村包围城市"的路线之后，李嘉诚开始围绕着香港的周边区域进行开发，并且凭借着土地储备和几次发行新股募集的资金，先后在半山赛西湖、太古山谷第一号、湾仔海滨等地开发楼盘。到了1977年，长江实业拥有的物业和土地面积达到95万平方米，已经逼近香港置地公司的120万平方米。

不过就在此时，李嘉诚在与会德丰洋行联合购得天水围地皮的时候，却遭遇到了一个强大的竞争对手——华润集团。俗话说："穷不和富争，富不和官斗。"李嘉诚分析了中间的利弊关系，决定不与华润集团直接发生冲突，而且通过协商，和华润联手成立了一个公司，共同开发天水围。

按照当时的协商，华润占新公司51%的股权，而长实只占12.5%，对于这样不公平的决定，李嘉诚并没有去争论太多，而且当时李嘉诚正在收购和记黄埔，无暇顾及太多。由于华润并没有太多的地产开发经验，再加上人力资源的不足，在项目运作的过程中，经常遇到困境。于是，李嘉诚又趁此机会慢慢地购回了部分股权。

李嘉诚在与华润的分成上面并不觉得吃亏，因为他胸有成竹，这项目一定会成功，大家都会得到好处。最后天水围全部工程顺利完成，并成为亚洲最大的私人屋村。华润在这个项目上也赚了一大笔，而李嘉诚的所得更是不可估算。通过这个项目，李嘉诚自己不但赚到了钱，而且还与华润搞好了关系，为后期打开内地市场奠定了基础。

做生意时，李嘉诚看重信誉，看重与合作伙伴之间的友好关系，从不会因为一己私利而做一锤子买卖。李嘉诚深谙，做生意就要先跟对方做朋友的道理。他曾说："商业合作必须有三大前提，一是双方必须有可以合作的利益，二是必须有可以合作的意愿，三是双方必须有共享共荣的打算。此三者缺一不可。"

俞敏洪在做演讲时，也说到了一个关于分享的话题：现在你有六个苹果，你有两个选择：第一，你一口把它们全部吃掉；第二，你也可以自己吃一个，给别人分五个。表面上你丢了五个苹果，实际上你一点儿也没丢，因为你获得了五个人的友谊。当你有困难的时候，他们就很愿意来帮助你。我吃了你一个苹果，当我有橘子的时候，无论如何我要分你一个橘子。你用这种方式收集了另外的五种水果。

俞敏洪所说的是一个很简单的道理，但有些人并不一定能真正体会其中所蕴含的哲理。在利润面前，人人都希望拿到最多的那一份，让自己的利润最大化，很少有人会想到将利益多分与他人，而这也是很多人无法成为真正的企业家的一个重要的原因。

有一个企业的销售部，在过去一年时间里销售业绩做得都非常好，为了鼓励整个销售部，公司特别申请了一大笔丰厚的奖金，并交给部门主管，让他进行分配发放。但是在这份奖金的分配上，销售主管表现出了私心。

销售主管并没有把这笔奖金全部分给手下的业务员，而是将奖金的一大部分收入自己囊中，仅将剩下的一小部分拿出来与自己的下属进行平分。刚开始的时候，员工都不知道真实的情况，时间一长，大家都知道了奖金的数额，并对销售主管表现出强烈的反感。

在这件事之后，很多同事都不愿和这位销售主管有过多的交往，连续几个月，他的部门的销售业绩直线下滑，最后，他也不得不申请调离其他部门。这位主管没有把成果拿出来分享，没有想到这是他与销售部门同事一起努力的成果，而是把这些成果占为己有，看似占了便宜，实际上是损失了信誉，自毁前程。

因此，在日常的生活中，我们一定要摒弃自私贪婪的想法，懂得与他人分享胜利的果实，懂得适时地吃一点亏，这看似是傻子所为，其实是大智若愚。而在这个过程中，我们一定会得到合作伙伴的尊敬和信赖。

与人合作时，李嘉诚从不会为了自己多得利益而与合作伙伴一争高下，他总是会让合作伙伴赚得足够的利润，因为他知道只有如此才能进行长久的合作。李嘉诚经常告诫儿子，不要贪图别人的便宜。其子李泽楷说："我父亲教会我们很多做人的道理，他特别强调要做一个正直的商人，并且要处理好与合伙人的利益关系。"

赚钱可以，但绝不能违背良心

> 虽然处身滚滚红尘、唯利是图的社会当中，但是若能保留一点值得自傲的地方在内心处，人便可以生活得更有意义。

　　李嘉诚经常引用《论语》中的一句话："不义而富且贵，于我如浮云。"他还说："有些生意，给多少钱我都不赚，因为已经知道对人有害，就算社会允许做，我都不会做。"这是李嘉诚做人和经商的底线。他不仅这样要求自己，也常对儿子说："做人比做生意更重要。"

　　中国有两句古话："举头三尺有神明。""举头三尺有青天。人可欺，天不可欺。"这两句话都告诉我们，不管做什么事，都不要违背良心、丧失理性。不管是做人还是做事，我们都得做得清清白白，光明正大，切不可为了私利，丧失了理性和善念。

　　三鹿集团的破产就是一个很典型的例子。三鹿集团从刚开始只有三十二头奶牛和一百七十只奶羊的幸福乳业合作社，发展到品牌价值近一百五十亿元的大型企业集团，用了整整五十年；而从年销售收入亿元的企业走向破产，三鹿集团只用了不到一年的时间。

三鹿集团曾经连续十五年占据全国奶粉销售冠军宝座。然而，三鹿集团为了获取更大的利润，竟然拿婴幼儿的安全健康做赌注，在奶粉中添加三聚氰胺，导致全国多名婴儿饮用后出现泌尿系统结石。可以说，三鹿集团已经丧失了最基本的道德观念。

在商业社会中，企业赚钱是无可厚非的。但是违背基本的商业道德的企业注定是无法长久发展的。商人不应该为了赚钱不择手段。坦坦荡荡地做生意，清清白白地做人，才是商人应有的气节。"傲气不可有，傲骨不可无"，这是李嘉诚经常挂在嘴边的一句话。

"在一个商业社会，商人是越赚多越好，自由的事业，有的机会送到你面前，非常非常吸引。法律也准许，一般人也认可，这个事业也是可以做的啊。但如果我对这业务心中有着疑问，我认为是不应该做的，我情愿牺牲这个赚钱机会。"李嘉诚说。

巴哈马是位于加勒比海地区的一个小岛国，有着优良的海港和丰富的旅游资源。巴哈马政府为了快速发展当地的旅游业，提高国家的经济收入，敞开窗口对外开放，给出了许多优厚的投资政策，并积极地欢迎全世界的商人来当地进行投资。

李嘉诚也非常看好巴哈马，并且对这里进行了长达十年的经济投资。他先后在巴哈马建造了最大的自由港码头，而且还建造了拥有世界上最长跑道的飞机场，同时还建造了许多酒店以及高尔夫球场，一度成为巴哈马最大的海外投资商。

　　为了奖励李嘉诚对巴哈马的投资贡献，巴哈马总理英格拉哈姆决定赠给李嘉诚一张赌场营业许可证。这对于许多商人都有着巨大的诱惑力，因为赌场的盈利是非常可观的，且赌场的营业许可证不是谁想取得就能随便取得的。

　　巴哈马政府所做的这个决定，无非也是想借李嘉诚的名气，带动当地经济更快发展。可当英格拉哈姆兴奋地把这份大礼送到李嘉诚手里时，出乎意料的是，李嘉诚并没有表现得很兴奋，而是严肃地对英格拉哈姆总理说："我对自己有个约束，并非所有赚钱的生意都做。"

　　英格拉哈姆认为李嘉诚之所以会拒绝自己的好意是因为他不明白这个牌照的价值。于是，亲自来香港找李嘉诚解释说："一大堆商人追着要这个牌照，我们都没给，你在我们这里做了这么大的投资，我一定要给你，你在我国有三家酒店，随便放哪家都可以。"

　　李嘉诚当然知道英格拉哈姆亲自来港是为了什么，但是自己有做事的原则。最后为了权衡利弊，李嘉诚只好"妥协"，同意在自己的酒店之外加盖一座赌场，租给第三者经营，但他明确表示自己不会接受这块牌照，和记黄埔只负责收租金。李嘉诚也明确表示：酒店客人要去哪儿我不管，但我的酒店绝不设赌场。

　　李嘉诚曾说："虽然处身滚滚红尘、唯利是图的社会当中，但是若能保留一点值得自傲的地方在内心处，人便可以生活得更有意义。"

　　"这是我的经营概念：可以赚的钱应该赚，不过要合法合理。在今天的竞争社会，你如果在美国读 MBA，会教你怎么样可以赚 last penny，可以怎么样赚到最后一分钱。我们中国人的想法是，赚钱好，但是对人有害的事情不做。"李嘉诚如是说。

古人云："有所为有所不为。"作为一个商人，尤其要清楚，哪些钱可以赚，哪些钱不可以赚。如果赚了自己不该赚的钱，势必会搬起石头砸自己的脚，影响到自身的修为。

借他人的力量，达成自己的目标

> 怎么可能？我怎么可能有那样的能耐，让李业广专为我服务呢。

战国时期著名思想家荀子曾说过这样一段话："登高而招，臂非加长也，而见者远；顺风而呼，声非加疾也，而闻者彰。假舆马者，非利足也，而致千里；假舟楫者，非能水也，而绝江河。君子生非异也，善假于物也。"

荀子这段话形象地说明了"善假于物"的好处：站在高处招手，胳膊还是那样长，但远处的人们却能够看得见；顺风呼喊，声音并没有加大，但人们却听得非常清楚；借用马来奔跑的人，并非是跑得快的人，但却可以行千里；借助小舟渡河，也不一定是水性很好的人，但也不影响他横渡长江大河。

荀子告诉我们，君子并非一定与他人有相异之处，只是善于凭借各种外部条件来为自己服务罢了。而从荀子的这句话中，其实我们也可以总结出一个经商理念：企业家在自身力量有限的时候，应该学会借人之手成己之事。

自古以来，单枪匹马终究难成大事，刘备没有诸葛亮、关羽、张飞等贤臣良将，蜀国不可能建立。一个人无论多么博学多才、才华横溢，他也不可能自己完成一切，也需要靠借助他人之力，来扬长补短。

在长实集团中，李嘉诚就被人们看作是古代的孟尝君，因为他十分懂得拉拢"客卿"，懂得借助别人的智慧和才干，来壮大自己的实力。

李业广律师是李嘉诚的"客卿"中非常有实力的一位。他是"胡关李罗"律师行的股东之一，同时也持有英联邦的会计师执照，才华横溢，在业界很有名望。很多人都认为，李业广几乎算是李嘉诚的专用律师了。

对于这样的传言，李嘉诚总是笑着回复道："怎么可能？我怎么可能有那样的能耐，让李业广专为我服务呢！"李嘉诚的这番话并非客套，因为李业广的业务确实非常繁忙。

李业广在香港很有名气，身兼二十多家上市公司的董事，这就相当于兼任着香港四分之一上市公司的董事身份。此外，他还是多位香港富豪的高级顾问。李业广身兼数职，但他确实对长实非常上心，当很多事情都压过来的时候，他总是先帮着李嘉诚出谋划策。

从长江刚上市时，李业广就是长江董事会的董事，长江逐渐做大后，他更是身兼长江旗下所有上市公司的董事。一直以来，李嘉诚都非常信任李业广，并对他的博识韬略深为敬重。也正因为李嘉诚信任李业广，李业广也为长江实业制订了很多切实可行的扩张计划。

人们在社会中生存，都不可避免地需要和很多人打交道，也难免会接触到自己不熟悉的领域，遇到自己不擅长的事情，这就需要去找那些熟悉这个领域的人来帮助自己。李嘉诚可谓是吃透了其中的道理。

钢铁大王卡内基也曾预先写好自己的墓志铭："长眠于此地的人懂得在他的事业过程中起用比他自己更优秀的人。"在当今社会，聪明人都懂得利用别人的力量达成自己的目标，借助别人的智慧解决和处理问题，而这样做，也往往能够收到事半功倍的效果。

曾经，有一个农民在清理老房子的时候，无意中发现了许多破旧的古董。农民感觉这些古董应该值很多钱，可是他又不懂行。于是，他就想了一个办法，向外界大肆宣扬自己家里有古董，以此吸引古玩爱好者上门看货。

农民不会主动向古玩爱好者询问古董的价钱，而是让这些古玩爱好者自己观看、欣赏，然后再询问他们愿意出多少钱购买。当古玩爱好者给出一个价格后，农民会在这个基础上适当提高价格。古玩爱好者如果觉得不合适，就会离开，觉得合适就同意。因为不断有古董爱好者上门，慢慢地，不懂古董行情的农民也知道了家里这些古董的价钱，而此时，他才决定出售家中的古董。

霍英东是杰出的社会活动家，著名的爱国人士和香港知名实业家。在20世纪50年代，霍英东刚刚接触房地产行业的时候，和其他房地产商一样，先用大部分的资金买旧楼，然后拆了旧楼之后再建成新楼出售，以此来获取利益。

　　刚开始做的时候，由于资金短缺，霍英东在房地产行业的发展很慢。霍英东一直在思考能否有一个更加有效的方法来改变资金短缺的状况，但是他一直没有找到。

　　有一天，有个邻居来找霍英东买楼，赶巧的是，盖好的楼已经全部卖完了。霍英东抱歉地告诉邻居："盖好的楼已经卖完了。"此时，邻居指着工地上正在盖的楼说："就这一幢，你卖一层给我好不好？"

　　当时，霍英东资金短缺，于是，他灵机一动，说："你能不能先付定金？"邻居笑着说："行，我先付定金，到盖好后你把我指定的楼层给我，我就把钱交齐。"就这样，两个人就把生意谈成了。

　　霍英东提出让邻居预付定金是有一定原因的，在当时的香港，实行的是一手交钱一手交房的房屋出售方法，客户不交钱，开发商就不给钥匙。而当时的香港有钱人不喜欢购买太多的房子，且不富有的人家又没有太多的现金去购买房子，所以当时的房地产生意一直都不是太景气。

　　正是邻居说的"行，我先付定金，到盖好后你把我指定的楼层给我，我就把钱交齐"这句话，让霍英东大受启发。于是，他想到了销售房产的好办法，客户只要预付 10% 的定金，就可以购得即将新建的楼房。

　　霍英东提出的付款方式，让那些拿不起一大笔钱买房的人只需要提供一部分资金就可以先行取得房屋的所有权，大大缓解了他们购房的压力。而这个方法也让霍英东能够迅速地回笼一部分资金，并且利用这些资金再投入到别的楼盘上面。霍英东通过自己的思考将房地产生意做得越来越好，而当时一举打破了香港房地产销售的最高纪录。

在如今这个快速发展的社会中，很多公司看似蒸蒸日上，发展势头不错，其实早已是"金玉其外，败絮其中"了。而这些公司之所以会出现这样的局面，很大程度上是因为他们不善于利用身边的各种资源、人脉、财力，不懂得借力打力，往往是靠自己单打独斗，而单打独斗往往又不能做成大事。

因此说，不管任何时候，人都需要适时地借助他人的力量为自己服务，从而获得更广阔的资源，得到更多的帮助。他山之石可以攻玉。在当今社会，"借"是一种生活的智慧，更是一种人生的谋略，毕竟个人的力量及智慧总是有限的，想要收获成功，少不了要借助别人的力量。

Chapter 8

用人善爱才

——开放的人才观

人才，是企业最宝贵的财富

> 管理一间大公司，你不可以样样事情都亲力亲为，首先要让员工有归属感，使他们安心工作，那么，你就首先要让他们喜欢你。

每个人的潜力都是无穷的。正常情况下，假设一个人跑一百米要用十三秒，但如果后面有老虎在追，那么很可能这个人跑一百米就只用十一秒，这就是潜能。挖掘员工的潜能，其实是很多企业的领导应该去做的事情。

李嘉诚曾说："忠诚犹如大厦的支柱，尤其是高级行政人员。在我公司服务多年的行政人员……无论是什么国籍，只要在工作上有表现，对公司忠诚，有归属感，经过一段时间的努力和考验，就能成为公司的核心成员。"

创业初始，创业者都希望找到一个忠心耿耿，愿意与其并肩作战、打拼天下的人。而李嘉诚在创业之初，有幸结识了一帮对他忠心耿耿的人。随着企业的不断壮大，他越来越感觉到专业人才的不可或缺。而那些曾经和他一起打拼天下的老员工，此时在能力上就显得有点儿捉襟见肘了。

为了能使企业稳步发展，李嘉诚一方面通过重用人才的承诺吸引了一批有才干之人，同时也开始加强对企业内部老员工的培训，开办夜校对在职人员进行专业的、有针对性的培训。而对一些有才能的人，李嘉诚还资助他们到国外深造学习。且李嘉诚自己更是以身作则，在要求别人学习的同时，自己也努力学习各种知识，以丰富和提高自己的学识、技能和素养。

李嘉诚在用人方面曾多次告诫两个儿子：企业发展到一定的阶段，一定要懂得大胆起用新人，因为只有新人带来的新鲜血液，才能为企业注入新的活力。

美国学者库克在"人才创造周期"的理论中指出：人才的创造力在某一工作岗位上呈现出一个由低到高，到达巅峰后又逐渐衰落的过程，其创造力高峰期可维持三到五年。

有研究部门曾对国内众多效益不佳的企业进行调查分析，在分析中发现很多企业停滞不前或濒临倒闭的原因是由于管理不善或者公司业务的缺乏造成的。还有一些原因是，企业中重要高管职位上的人任职周期过长且缺乏创新精神。所以说，企业要适时地找到一套行之有效的用人之道，真正发挥人才的最佳功效。

人才是企业成长的根本，是企业成长的推动力。所以，对于企业来说，最重要的事情莫过于留住人才和培养人才。现在很多企业都已经知道了人才的重要性，并制定了相应措施来挽留人才。

有些企业为了留住人才，经常会使用提高待遇、配发企业股份等方式来激励、留住人才，使其与企业同呼吸共命运。但我们要知道，钱财并不能解决所有问题。企业应该做到以人为本，切实关注到每个员工的具体需求，让员工看到企业的"真心"，这样员工才能拿出自己的全部力量为公司创造价值。

李嘉诚说："管理一间大公司，你不可以样样事情都亲力亲为，首先要让员工有归属感，使他们安心工作，那么，你就首先要让他们喜欢你。"李嘉诚认为成功的管理者首先应是伯乐，伯乐的责任就在于甄选、延揽比他更聪明的人。

创业初期，万科就把人才放在首位。改革开放初期，一大批房地产企业开始出现，并疯狂买地。很多管理者都认为，土地与资金才是企业最"宝贵的财富"，人才居次要地位。然而，万科总裁王石并不这样认为，他的观点是，任何事物都比不上人才珍贵，同时他也提出了"人才是万科的资本，是万科核心竞争力"的人才观。

20世纪80年代末，万科在深圳已小有名气。一位朋友来找王石谈业务，谈完之后，这位朋友向王石问起万科的待遇问题。王石没有任何隐瞒，把公司高层、中层人员的待遇统统告诉了这位朋友。没想到的是，朋友一脸惊讶，并说："得了吧，你不要用那这些东西来糊弄我，我又不是税务局的。"

实际上，万科职员以及管理层的薪水在深圳的同类企业之中只是中等水平。有些在其他公司比较有能力的高管到万科就职的时候，得到的薪水比以前低很多。但他们之所以愿意留在万科，是因为他们看重的是万科的整体工作氛围。他们在这里工作，能够得到应有的尊重，创造更大的价值，实现自己的梦想。

万科能够留住人才，除了因为它能为员工营造了良好的工作氛围以外，还有就是，万科会为优秀人才开辟多种晋升渠道。万科的员工说，即使猎头公司给他提供更高薪水的工作，他也不离开万科，因为他在这里能够看到一个辉煌的未来。在万科，员工总能感受到激励、关怀和被认同。

万科的一位高级管理人员说："万科的价值观念是为员工提供一个最适合他的工作。另外，对于老员工，万科致力于为他们营造和谐的工作环境。"一位万科的老员工也曾谈道："钱不是最重要的，关键是这里人人平等。我们甚至可以和董事长开玩笑；开晚会的时候，我们还可以'涮'董事长一把。"

万科始终倡导"每个员工都应该拥有健康丰盛的人生"，始终把人本管理放在最重要的位置。作为领头人，王石始终相信只有具备高素质的人才，才能有高速发展的万科。万科始终尊重每一位员工，并且积极为他们设立素质培训与技能培训的课程，并出台一系列激励人才的措施。

企业要想留住人才，薪水不一定是吸引人才的最有效的手段，营造轻松愉快的工作氛围，打造良好的企业文化，让员工看到未来和希望，这才是最重要的。

企业家应该清楚，企业是船，企业内的员工是划桨的人，没有划桨之人，船也难以驶向远方。因此，企业应该将积累人才放到重中之重，只有具有雄厚的人才储备，企业才能拥有巨大的生命能量，面对困难，才能更加从容应对。

只要有能力，年轻人也可以起用

> 要知人善任，大多数人都会有部分的长处，部分的短处，就像大象食量以斗计，蚂蚁一小勺便足够。各尽所能，各得所需，以量才而用为原则。

一直以来，长江实业里有一个"三驾新型马车"的说法，而所谓的"三驾新型马车"便是由洪小莲、霍建宁、周年茂三人组成的。李嘉诚大胆起用新人，从而才能紧跟时代的潮流，不至于使自己的决策滞后或者陈旧，可以说，这三个人在保持长江实业一直稳步前进方面起到了至关重要的推动作用。

那么，我们以霍建宁为例，来说说李嘉诚是如何起用新人的。霍建宁从香港大学毕业后，即赴美深造。从美国回到香港后，李嘉诚就将其招至长江实业，让他出任长江实业的会计主任。

1985 年，李嘉诚任命三十多岁的霍建宁为长江实业的董事，后来又提升他为副总经理。对于年轻的霍建宁，李嘉诚充满了信任，赋予他对长江实业的重大决策、投资、银行贷款、股票发行等重大项目有策划和决策的权利。

一个企业要想发展壮大、成为行业的领先者，就要懂得不断为企业注入新鲜血液，获得新能力。唯有如此，企业才能不落后于时代。可以说，大胆起用新人是李嘉诚的企业成功的重要因素之一。

2008 年 8 月，李嘉诚在香港中文大学 MBA 课程学生座谈会上针对学生提出的"怎样看待年纪很轻就能当领导"的问题时说："只要自身条件优越，有充足准备，在今天的知识型社会里，年轻人更容易突围而出，创造自己的事业。"

李嘉诚一直坚持"唯才是用"的用人原则，他非常相信年轻人，相信他们的创新思想和创新能力，也愿意把自己手中的机会给有能力的年轻人，让他们去拼，去闯。而他的这种用人之道也吸引来了许多年轻有为的人，愿意为他出谋划策。

李嘉诚的公司里，总是新人辈出，人才不断。被誉为"东方女超人"的周凯旋，因为参与了李嘉诚投资的亚洲最大建筑群——东方广场，而声名鹊起。当时的周凯旋既没背景，也没有工作经验，同时也没有显示出多少过人之处。

李嘉诚第一次与周凯旋见面时，压根儿没有过问她的经验和阅历，只是问"用什么办法可以搞定拆迁和土地平整这件事？"李嘉诚与周凯旋的谈话仅用了五分钟，就一口答应了周凯旋提出的佣金要求，并由她负责东方广场的全部拆迁事务。

李嘉诚认为，没有工作经验可以日后慢慢积累，业务能力弱也可以后期慢慢培养，唯有那种做大事的气魄和胸怀，不是每个人都能够拥有的，这也正是周凯旋能够赢得李嘉诚信任的原因。当然，周凯旋也不负所望，六个月后，出色地完成了任务。

对于任用周凯旋，李嘉诚是这样想的，经营企业总是需要承担一定的风险，但是如果你只担心风险，而不给下属锻炼的机会，那公司在十年或者二十年后，将会进入无人可用的地步，这才是最可怕的事情。现在冒一点风险，就是为了以后能够回避无人可用的风险。所以，只要他们有能力，我们就应该给他们机会。

李嘉诚在谈到量才用人时说："知人善任，大多数人都会有部分的长处、部分的短处，就好像大象食量以斗计，蚁一小勺便足够。各尽所能，各得所需，以量才而用为原则。就像一部机器，假如主要的机件都要用五百匹马力去发动，而其中有一个附件只需要半匹马力去发动，虽然半匹马力与五百匹马力相比是小很多，但也能发挥其另一个作用。"

在李嘉诚眼中，这个社会上最值得尊重的人就是知识分子。知识就是力量，人拥有知识才能战胜一切。李嘉诚不但自己尊重知识分子，还呼吁社会各界人士关心和爱护有知识的人。李嘉诚常说，对知识分子、对教师，不但口头上要尊重，内心里、行动上更要尊重。

采用职业经理制度，"以夷制夷"

> 我并没有想通过雇用外国人来表现华人的经济实力和华人社会地位的提高，我只是想，集团的利益和工作确确实实需要他们。

李嘉诚任人唯贤，有着非常开明的人才观，只要是人才，不论出身贫富贵贱，他都能予以重用。

李嘉诚在进军海外市场后，企业慢慢壮大，事业也不断攀升。从20 世纪 80 年代初期到中期，李嘉诚已坐拥数家英资企业，眼见企业中的外国人越来越多，那么，如何管理外国人就成了一个需要考虑的问题。

善用人才的李嘉诚想出了一个"以夷制夷"，让外国人管理外国人的办法，让外国人担任公司主管，来管理外国人。这样既可以方便沟通，促进合作，又有利于管理者熟悉业务，提高工作效率。

李嘉诚的公司遍布全球五十多个国家，员工人数达数十万，这其中外国人亦不在少数。对于公司的管理，李嘉诚采用职业经理的制度，聘用中、外职业经理人，引进西方先进的管理理念来管理公司。中西合并的企业管理方法使得李嘉诚的企业在稳健中不断发展壮大。

长江实业的董事局副主席是英国人，名叫麦里斯，毕业于剑桥大学经济系，是公认的经济管理方面的专家。在进长江实业之前，他是新加坡虎豹公司的总裁，结识李嘉诚以后，李嘉诚很看重他的才华，经过数次盛情相邀，终于将其挖了过来。进入长江实业后，李嘉诚便让他负责公司与境外财团的业务往来。

还有一个人叫马世明，也是个英国人，原本是怡和财团的员工，后来辞了工作，自己开了家工程公司。由于马世明公司的业务与李嘉诚公司的业务正好重合，二人就成了竞争对手。在多次接触中，李嘉诚发现马世民是个不可多得的人才，非常欣赏他，就多次邀请他，与他谈话。最后，李嘉诚终于说服马世明为自己效劳。

为了得到马世明这样的人才，李嘉诚可是费了一番心思的。1984年，李嘉诚先收购了马世明的公司，后又提升马世明做和记黄埔的总经理。在和记黄埔工作的时候，马世明的日程表总是安排得满满的，他为和记黄埔做出了很大的贡献。

马世明有能力，工作敬业，人品一流，但凡和他打过交道的人，没有不称赞他的。而马世明也没有让李嘉诚失望，刚一上任，就给和黄带来不少收益。作为李嘉诚的左膀右臂，马世明又协助李嘉诚成功地将港灯收入囊中。这让李嘉诚更加坚信自己没有看错人。

收购港灯没多久，李嘉诚又对马世明委以重任，请他担任嘉宏国际和港灯董事局主席。马世明十分感激李嘉诚对他的知遇之恩和信任，于是工作更加卖力，勤恳负责。

杜辉廉是一位英籍证券专家，不仅为李嘉诚在各界牵线搭桥，而且还参与了长江实业的多次股市收购战，并且还负责经办李嘉诚家族的股票买卖等事物，被称为"李嘉诚的股票经纪人"。

李嘉诚曾多次邀请他担任长江实业的董事，但都被他拒绝了。杜辉廉虽不是长江实业的董事，也不拿长江实业的工资，但还是积极为长江实业的结构调整和股市问题出谋划策。

1988年年底，杜辉廉和好友梁伯韬合伙创办了百富勤融资公司，当时，他们也遇到了很多初创公司都会遇到的问题——资金不足。当二人正为此头痛不已时，李嘉诚找到这两个人，表示愿意帮助他们，以此回报杜辉廉曾经对自己的帮助。

杜辉廉和梁伯韬在公司一共持有70%的股份，剩下的就由李嘉诚牵头邀请十八位商人参股。这些商人和李嘉诚一样不参与公司的经营管理，只是帮助百富勤公司融资，最后取得分红而已。

在李嘉诚等一帮人的帮助下，百富勤公司迅猛发展，后来，不仅收购了广生行和泰盛，又拆分出了百富勤证券。就在公司开始盈利的时候，李嘉诚又抛出了自己所持有的百富勤的股份。

原来，李嘉诚投资百富勤并不是出于盈利的目的，而是为了帮助杜辉廉和梁伯韬渡过难关，挺过危机。所以当公司渡过难关，可以良好运行时，为了让杜辉廉和梁伯韬放开手脚大干，李嘉诚又选择减少自己所持有的股份。

20世纪末期，李嘉诚的许多融资并购活动，都是请百富勤来做财务顾问的，而百富勤的主席杜辉廉也依旧是全心全力地帮助李嘉诚参详谋划。

这些足以证明，李嘉诚"以夷制夷"的方法不仅行之有效，而且还取得了一定的成果。曾有一段时间，外界质疑李嘉诚雇用洋人做员工是为了炫耀自己。对于这样的质疑，李嘉诚的回答是："我并没有想通过雇用外国人来表现华人的经济实力和华人社会地位的提高，我只是想，集团的利益和工作确确实实需要他们。"

大胆放权，方可人尽其才

这样的事情，你可以自己做决定，不需要再打电话来告诉我，你认为能签，你签字就可以了。

古语云："下君尽己之能，中君尽人之力，上君尽人之智。"可见，能否合理地使用自己的权利，能否合理地授权给员工，是判断领导者才能高低的重要标志。只有合理地处理自己手中的权力的领导者才能由下君成为上君，适当地授权给员工是为了让员工主动承担起自己的责任，而不是对他们不闻不问，任其随心所欲。

一个明智的管理者，应该是一个懂得适当放权的管理者。因为任何一个管理者都不可能有足够的时间和精力去处理好所有的事情，所以管理者应当学会放权，尽量减少对员工的束缚，给他们行事的权利，这才是领导者做好管理工作的好办法。

有一次，李嘉诚要去汕头大学参加一个活动。在去学校的路上，一个分公司的经理打电话给他，说现在有一个十亿元的项目，需要他亲自做决定。当时李嘉诚就告诉这位经理："这样的事情，你可以自己做决定，不需要再打电话来告诉我，你认为能签，你签字就可以了。"

挂断电话后，这位经理半天没有反应过来。在他看来，李嘉诚让自己来决定价值达十亿资产的项目，实在匪夷所思，但是他也知道，这是李嘉诚对他充分信任和充分授权的一种方式。李嘉诚的信任与授权，令这位经理非常感激和敬佩，毕竟如此大胆的授权在许多大企业中都是少有的。而在接下来的工作中，这位经理对公司更加忠心，对自己的工作也更加尽职尽责。

那些从普通职员一步步晋升到管理层的企业领导者，对于自己的员工总是不放心、不信任，认为员工没有办法胜任自己的工作，所以他们什么事都亲力亲为，一天到晚忙得焦头烂额，但结果却难尽如人意。

其实，管理者并不需要事必躬亲，他们只要适当地授权给自己的手下，让他们各司其职，各尽其责就可以。魏徵的《谏太宗十思疏》中有云："则智者尽其谋，勇者竭其力，仁者播其惠，信者效其忠；文武争驰，君臣无事，可以尽豫游之乐，可以养松乔之寿，鸣琴垂拱，不言而化。何必劳神苦思，代下司职，役聪明之耳目，亏无为之大道哉？"

管理者对权力的使用必须要遵循管理的规则，一定要明白自己的职责，懂得放权，该管的必须管，不该管的就放手让员工自己管。一个人的精力毕竟有限，不可能事事都顾及周全。如果管理者什么都想管，不仅会阻碍工作效率，还会给员工带来困扰，导致员工在执行任务的时候，行动不自由，处处受限制。

不论是因为管理者的能力强，还是因为管理者对员工不信任，都不能成为管理者不授权的理由。管理者应该摆正自己的位置。管理者的职责不是处理琐碎的事情，而是挑选人才、领导人才，将自己的权利分给这些人才，以此带动公司日常工作的正常运行，这才是正确的管理之道。

通过适当放权和毫无保留的信任，李嘉诚得到了员工的衷心与信服。不谋全局者不足谋一域。企业的管理者，应当把握的是全局的动态与企业未来的发展方向，而不是一些鸡毛蒜皮的小事。通用公司前CEO 杰克·韦尔奇也曾说："我们所能做的一切就是寄希望于我们挑选的人才，而我的工作就是挑选合适的人才。"

企业的发展与其管理者有很大的关系，企业的高层管理者如果不懂得放权，就会使企业停滞不前，永远像一个小作坊一样，难以有大的发展空间。

火车快不快全靠车头带。懂得授权的管理者才能使企业健康茁壮地成长起来，只有这样的管理者才能得到员工的信服和忠心。员工也才能把企业当作自己的家，对工作全力以赴。

薛丽是一家油漆公司的职员，她已经在这家公司干了六年，她的工作很简单，就是给油漆的罐子贴上标签。薛丽是一个对工作认真负责的人，不论做什么事情都是勤勤恳恳、一丝不苟，即使是一个小小的贴商标的工作，她也会努力做到最好。只是由于她的工作太不起眼，所以一直以来都没有受到领导的重视。

但是上天总是不会亏待踏实勤奋、努力工作的人。有一天，薛丽的辛劳终于引起了公司总裁的注意，总裁发现总有一批产品的商标贴得特别端正，而且产品标签上的塑料薄膜几乎没有脱落的。总裁决定要找到这位工作认真负责的员工。

总裁召集了所有贴标签的员工，并给了他们一百件没有贴商标的产品，并对他们说，商标贴得最快最好的人可以和他共进午餐。为了这份殊荣，大家热火朝天地干了起来。

很快就有人贴完了，总裁看看贴好标签的产品摇了摇头径直向前走去，第二个、第三个……他一直在摇头，直到走到薛丽的面前，他才露出了满意的笑容。他确定薛丽就是他要找的那位员工。于是薛丽得以和总裁共进晚餐，并且薛丽还被提升为公司的质量督察部的主管。

在接受了公司半年的培训以后，薛丽上岗了。对待工作薛丽始终是兢兢业业，认认真真，她通过六年的努力才有了今天的职位，自然是格外珍惜。起初她还能信任自己的属下，但是出了几次小差错之后，她就不再相信自己的员工，事事亲力亲为，但是她一个人怎么可能干完本部门所有的工作呢，时间久了就顾头不顾尾，顾前不顾后，虽然活儿做了很多，力出了很多，但是工作没什么效率。

管得好的人往往都是管得少的人。管理企业是一门大学问，不是单凭某一个人的努力就能成功的。试问，哪一个企业家敢说凭自己一个人就能做好一个企业的？作为企业的领导者你要做的是领导，企业就像是军队，领导者就是指挥者、决策者，"打"的工作该交由员工做，只有大家都各司其职，各尽其才，才能真正推动整个企业的发展和进步。

中西合璧的人才应用机制

> 在我心目中，不论你是什么样的肤色，不论你是什么样的国籍，只要你对公司有贡献，忠诚、肯做事、有归属感，即有长期的打算，我就会帮他慢慢地经过一个时期而成为核心分子，这是我公司一向的政策。

李嘉诚并没有像某些企业那样，走家族化道路，而是走了东西方结合的一种人才应用之路。李嘉诚认为，家族式管理可以创造出一世辉煌，但难以维持第二代的灿烂。因为这种管理方式会将许许多多的优秀人才拒之门外，更不用说像怡和等一些具有先进管理制度的家族事业一样兴盛百年了。

无论是中国的管理方式还是西方的管理方式，都有其优势和劣势，管理者如果能将两种管理方式糅合在一起，取长补短，那么肯定能找到一个比较好的管理方式来管理公司。

在李嘉诚的企业管理模式中，我们可以看到很多中国元素，以及西方色彩。中西合璧、各采其长是李嘉诚的管理特色和行事风格。就拿一个项目来说，通常情况下，李嘉诚会进行一系列的调查和研究，之后再确定是否做这个项目。如果项目可行，李嘉诚就打一个电话或者是见上一面，以此方法完成最终的决策。

李嘉诚素来不主张家族性统治，更看重西方公司的管理方式。李嘉诚觉得，管理者由董事会和股东选举产生，有能力带领企业向前进的人才能当选为管理者，不一定要子承父业。所以，他声明，如果自己的两个儿子没有能力，那他便不会考虑让他们接班。

"唯亲是用"是典型的家族式管理法，这在一定程度上反映了企业管理者对"外人"的不信任，而李嘉诚从一开始就摒弃了这种管理模式。

在企业管理模式上，李嘉诚一直坚持任人唯贤，反对任人唯亲。虽然李嘉诚的公司里也确实有他的亲戚和老乡，但他们都是在普通的岗位上工作，很少掌握公司的大权，且他们也没有因沾亲带故而获得任何特殊的照顾。相反，那些得到他重用和擢升的有很大一部分是外国人。

20世纪70年代初，长江实业的工厂分布在柴湾、北角、元朗等处，有两千余名员工，约两百位管理人员。当时李嘉诚聘请的总经理是一个美国人，叫Erwin Leissner。李嘉诚为了能够全身心地投入到地产业，于是，就把很多事情都交给这个总经理负责，而他只参与重大事情的决策。

后来，长江实业又聘请美国人 Panl Lyons 为副总经理。这两位美国人是掌握最现代化塑胶生产技术的专家，李嘉诚付给他们的薪金远高于其他公司，最重要的是，还给了他们实权。

20 世纪 80 年代中期，李嘉诚已经掌控了好几家老牌英资企业，这些企业也有很多外籍员工。在这种情况下，李嘉诚认为让洋人管洋人是非常好的一种方法，这样更有利于相互间沟通。

其实，李嘉诚并不是没有能力直接领导他们，而是碍于集团超常拓展，他的主要职责在为旗舰领航。另外，李嘉诚认为长江集团日后必然要走国际化道路，而这些老牌英资企业，与欧美澳有广泛的业务关系，起用洋人做"大使"，更有利于开拓国际市场与进行海外投资，毕竟他们具有血统、语言、文化等方面的天然优势。

李嘉诚说："在我心目中，不论你是什么样的肤色，不论你是什么样的国籍，只要你对公司有贡献，忠诚、肯做事、有归属感，即有长期的打算，我就会帮他慢慢地经过一个时期而成为核心分子，这是我公司一向的政策。"

作为中国人的李嘉诚，他自小接触更多的是儒家思想，所以在他的公司内部，自然带有儒家色彩，而李嘉诚对儒学并不是全盘接受，而且也有他自己的看法。李嘉诚说："我看过很多充满哲理的书，儒家一部分思想可以用，但不是全部。"

在企业管理中，李嘉诚将东方儒家思想中的仁爱宽厚和西方的民主自由结合在一起，对待员工宽厚为怀，同时又使员工在公司上班不会感到压抑和受管制。

西方经济学家发现，日本企业的家族氛围浓厚，其商业文化带有浓厚的儒家文化色彩，这可能是日本经济能够飞速发展的一个原因。李嘉诚觉得中日同属东方文化体系，日本企业的发展经验也是可以借鉴的。

但李嘉诚觉得儒家思想还是有一定的局限性的，所以他又说："我认为要像西方那样，有制度且比较进取，用两种方式来做，而不是全盘西化或是全盘儒家。儒家有它的好处，也有它的短处，儒家在进取方面是很不够的。"

在建立合理化的人事制度上，李嘉诚也可谓是费尽了心思，从而建立了一套中西合璧的管理制度。对于日本的企业管理经验，李嘉诚并不是不加分析地全盘利用，而是结合中国的特色，有选择地借鉴。比如，日本的很多企业要求新员工在来公司报到的第一天，就要做一种"埋骨公司"的宣誓。

李嘉诚对"埋骨公司"的宣誓并不认同，他认为这种宣誓只是一种形式，不会起到实质性的意义，所以他从来不会提出任何苛求员工做出终生效力的保证，而是通过保障员工的利益，令员工觉得留在企业是一件有前途的事情，从而自觉选择留在企业，效力终生。

李嘉诚坚持将东西方管理模式结合起来，取其精华，去其糟粕，通过这种方式来更好地管理企业。西方管理中的幽默也是被李嘉诚看重的一点，他认为幽默是管理者一种非常良好的品质，比起严肃呆板的管理，幽默更具有说服力，也更容易被员工接受。

李嘉诚就是一个在管理中很懂得幽默的人，他能够在一些场合用恰当的幽默和员工建立良好的关系，也能够用幽默的态度化解尴尬的场面。

Chapter 9

管理先自律

——以身作则，方可将才

虚怀若谷，容人之短

有效的管理者在用人所长的同时，必须容忍人之所短。

工作中，我们每个人都会做错事情，没有谁能保证自己一辈子不犯错。所以，如果员工犯了错，也请领导者能给他一个改过的机会，因为，领导者自己也会犯错。

导致犯错的原因有很多，可能是主观的，也可能是客观的，领导者不能因为员工的一次失误就否定他所有的努力。况且，犯错也不一定就是坏事。有时候，只有犯了错，员工才能认识到自己的不足，进而不断完善自己。

企业的管理者应该有包容心。在工作中，管理者既要和公司内部员工沟通，又要和客户、竞争对手博弈，然而每个人的脾气秉性、文化修养、行为习惯都不尽相同，面对这些错综复杂的关系，就需要管理者学会包容。如果因为对方的一点错误就对其否定，不但会显得自己心胸狭窄，而且这种行为也不利于公司的长期发展。

一个虚怀若谷、有雅量的管理者，才能和各式各样的人共事，吸引更多的人才，从而不断地壮大自己的事业。而李嘉诚就是这样一个懂得宽容的领导者。

有一次，长江实业有一个重要项目要谈，李嘉诚就让公司的一位经理去和外商谈判。谈判时，外商态度十分傲慢，出言不逊，对合同的内容指手画脚，年轻的经理忍了又忍，最后忍不住向外商发了火。结果，这个项目也没谈成。李嘉诚听说这件事后，就把这位经理找了过来。这时，年轻的经理心里很是忐忑，觉得这次自己把生意谈砸了，还和客户大吵起来，肯定被领导痛骂。

但是，当年轻人走进李嘉诚的办公室后，李嘉诚并没有责备他，而是给他讲了许多谈判的技巧。最后又让这位年轻人去和外商谈判。李嘉诚觉得，这个年轻的经理已经和客户打过交道了，对具体的事务也比较了解，没有人比他更适合承担这份工作了。

而年轻的经理也确实没有辜负李嘉诚的期望，他吸取了之前的经验教训，重新制定谈判方案，从对方的需求入手。最终，成功地与外商签订了协议。

很多刚进公司的人一开始都心潮澎湃，干劲十足，总想做出点成绩来体现自己的存在感，并希望尽快得到公司认可。因此，在面对一些问题的时候，他们努力想说出自己的见解，有时候，他们的这些建议可能不是很合适。而此时，管理者不可当场指出来，应该在私下委婉地给对方解释清楚。

德鲁克说过："有效的管理者在用人所长的同时，必须容忍人之所短。"如果员工的积极性被挫败了，那么，往后他们就不愿意再提出自己的见解，而缺少了创新血液的公司也肯定不能长远地发展下去。

如果一个管理者没有包容心，那么他看到哪位员工都会觉得不顺眼，横挑鼻子竖挑眼，鸡蛋里头挑骨头。而这样的管理者也往往看不到员工的长处，总会放大对方的短处，这对公司内部的交流、合作与公司整体的发展都是极为不利的。

美国内战期间，林肯总统任命格兰特将军为总司令，当时有人告诉林肯："格兰特嗜酒如命，不堪重任。"而林肯却说："如果我知道他喜欢什么酒，我倒应该送他几桶，让大家共享。"

身为总统，林肯当然知道酗酒会误事，但他也清楚在所有将领中，只有格兰特才是能够运筹帷幄、决胜千里的帅才。事实证明，格兰特确实是一个能带兵打仗的帅才，他打败了罗伯特领导的北部军队，使南方取得了战争的胜利。

第二次世界大战期间，经马歇尔将军提拔后升为将官的人选中大多都是籍籍无名的年轻军官，欧洲盟军统帅艾森豪威尔将军也是其中之一。马歇尔将军用人得当，为美国培养了一大批能干的将领。

每个人都是优点与缺点并存的生物。马歇尔将军在提拔这些将领时，如果只看到他们的缺点，看不到他们的优点；或者只关注他们的优点，却又无法容忍他们的缺点，那么这些士兵将永远没有为国家建功立业的机会。

唐代大文学家韩愈主张：责己重以周，待人轻以约。这句话的意思是说，要求自己要严格，对待别人则要宽容。对己严格，所以才不懈怠懒散；对别人宽容，所以别人才能与你友好相处。一个待人苛刻、没有容人之量的人是不能干成大事的，而这种人既不会有人愿意与其共事，也不会有人愿意追随他，最终只会落得个众叛亲离的下场。

历史上的那些明主贤君，都有一颗宽广而博大的心胸，也正因为如此，他们才能广纳天下良才。春秋五霸之一的齐桓公曾说："金属过于刚硬就容易脆折，皮革过于刚硬则容易断裂。为人主的过于刚硬则会导致国家灭亡，为人臣的过于刚强则会没有朋友，过于强硬就不容易和谐，不和谐就不能用人，人亦不为其所用。"

人无完人，金无足赤。管理者想要赢得员工的敬重和追随，就应当有雅量，能容忍，既要看到员工的长处，又要包容员工的不足。这样才有利于发挥员工的主观能动性，促进公司的发展。

得人心者，得天下

> 只有先成为一个值得信赖的人，别人才愿意和你交往，你才有可能成就一番大事业。对人诚恳，做事负责，多结善缘，自然多得人的帮助。

关于长江实业为何取名为"长江"，李嘉诚曾这样说："长江取名基于长江不择细流的道理，因为你要有这样豁达的胸襟，然后才可以容纳细流。没有小的细流，又怎能成为长江？"

21世纪的竞争，说到底是人才的竞争。得人才者兴，失人才者亡。唐太宗李世民为了广纳天下贤良之士而开科举考试之先风，通过科举考试招贤纳士。当他看到如此之多从全国选拔出的人才之时，喜不自胜，发出了"天下英雄，尽入吾彀中矣！"的感慨。

要想会做生意，得先学会做人。李嘉诚的办公室里，悬挂着左宗棠题于江苏无锡梅园的名句——发上等愿，结中等缘，享下等福；择高处立，寻平处住，向宽处行。

李嘉诚年轻时，和很多年轻人一样喜欢争强好胜，不论做什么事情总想着怎么超越别人，希望自己能比别人做得更好。因此，在刚开始工作时，李嘉诚一直都是单打独斗。直到他自己真正创业时，才明白人脉决定了财脉，多个朋友多条路，有了人脉的助力，各个环节自然会畅通无阻，机遇、利益也都会顺利而来。

在创业的过程中，李嘉诚渐渐明白，凡事一定不能顾着自己，要多为他人想想，这样才有更多的人愿意与你结交，把你当朋友，否则你只能成为孤家寡人。没有朋友愿意帮你，那么你的事业就很难成功。

正是创业改变了李嘉诚，此后，李嘉诚开始学着和不同的人交往、相处，和他们打成一片。可以说，他因创业而做出的改变也成就了他自己。

李嘉诚曾说，只有先成为一个值得信赖的人，别人才愿意和你交往，才有可能成就一番大事业。对人诚恳，做事负责，多结善缘，自然多得人的帮助。淡泊明志，随遇而安，不作非分之想，心境安泰，必少许多失意之苦。人才取之不尽，用之不竭。你对人好，人家对你好是很自然的，世界上任何人都可以成为你的核心人物。做人最要紧的，是让人由衷地喜欢你，敬佩你本人，而不是你的财力，也不是表面上的服从。

美国《财富》杂志评论说："李嘉诚极为重视与借助专业经理人才帮助他完成宏图大业。"从创建长江塑胶厂到后来经营多元化的集团，李嘉诚一直在竭尽所能地招纳人才，他看重知识，看重效率，更看重人才。

李嘉诚曾对记者说："你们不要老提我，我算什么超人，这都是大家同心协力的结果。我身边有三百名虎将，其中一百人是外国人，两百人是年富力强的香港人。"

李嘉诚对企业的管理和人才的任用，始终秉承着知人善任的原则，他让各路英才都为自己效劳的秘诀就是：让他们喜欢自己。李嘉诚一直都是个有心人，他觉得让员工愿意留在公司工作的方法，除了给他们丰厚的薪资待遇，还要关心他们，多替他们着想。

盛永能是加拿大人，曾担任和记黄埔的财务董事。虽然已经退休了，但对自己和李嘉诚第一次结识的情境，仍印象深刻。

1984 年 8 月，一个星期五的晚上，大概十点钟，盛永能接到李嘉诚的电话，电话中李嘉诚的声音很亲切，态度也很诚恳。当时的李嘉诚在商界早已是知名人士，没有人不知道他的大名。盛永能当然也知道李嘉诚，但他根本没有想到李嘉诚的态度竟然如此和善。

电话中，李嘉诚与盛永能聊了很多，并真诚地向他发出了邀请。面对这次邀请，盛永能动心了，但是他又有些疑虑，并没有立刻答应。两个人通话到最后的时候，李嘉诚说："星期一是你的生日，我在此预祝你生日快乐。"而盛永能说："这是我今年收到的最好的一份生日礼物。"两周后，盛永能加入和记黄埔，一直工作到退休，为李嘉诚工作了十四年。

李嘉诚能纵横商界几十年，历经风风雨雨，仍屹立不倒，这与他惜才爱才，心怀仁爱的品性有很大关系。

假如企业是一个大家庭，老员工就是这个家中的长辈，他们为这个家劳动了一辈子，等到他们老了，作为晚辈就有理由、有义务去照顾他们，帮助他们。以诚感人者，人亦以诚应之。李嘉诚对员工是真心换真心，所以他得到了比金钱更重要的东西，那就是下属的尊敬、忠诚和感恩。

一个自身拥有大智慧的人，未必能成为强者；但一个能够凝聚他人的智慧为己所用的人，很可能会成为一个时代的强者。一个人想要成就大事业，单枪匹马是肯定不行的，有他人的帮助才能如虎添翼，事半功倍。但是要如何才能集聚人才呢？获得人才的关键就是要获取人心，得人心者，得天下；得人心者，亦可得人才、得智慧、得成功。

善与人同，乐与人同

> 一家企业就像个家庭，老员工是企业的功臣，理应得到这样的待遇。现在他们老了，作为晚辈，就该负起照顾他们的义务。

《圣经》上说："一生一世，都是恩惠。"不管是亲人还是朋友，当他们给我们以帮助的时候，我们不应该认为这就是理所当然，举手之劳，而应该将其牢记于心，适时地表达自己的感谢和感恩。懂得感恩的人才能时常感到幸福。

人们常用"受人滴水之恩，当以涌泉相报"，来教育人们要懂得感恩。李嘉诚对这一句话可谓是身体力行。李嘉诚曾说："善与人同，乐与人同，会使得我们的心灵更舒畅，生活更愉快。发挥人性中光明与高贵的一面，为无助者提供无偿服务。想想明天会更好，想想世界上有多少更苦的人！"

最初的时候，李嘉诚是在一家五金厂打工，那时候他就表现得非常聪明而且很勤快，老板对他很是看重。工作的时间久了，李嘉诚发现塑胶行业非常有发展前景，就打算辞职换个工作。而五金店的老板不愿意李嘉诚离开，三番五次地挽留他。但是为了自己的前途，李嘉诚还是毅然决然地辞职了。

李嘉诚是一个知恩图报的人，他觉得老板对自己还不错。于是，在他走之前，他将塑胶业的发展前景和五金厂将要遭受的影响都告知了老板，希望老板尽快转行，做更加有前景的行业，或者调整产品的种类，重新开发新的产品，以适应新的市场竞争格局。

但是，五金工厂的老板并没有听从李嘉诚的建议做出改变。没过多长时间，如李嘉诚预料那样，五金市场发生了很大的变化，五金厂将要破产。听到这个消息后，李嘉诚非常着急。李嘉诚觉得，尽管自己已经不在那里上班了，但是五金厂的老板对自己有恩，现在人家遇到困难了，自己必须想办法帮助其度过危机。

对于帮助五金厂老板这件事，李嘉诚并不是说说算了。工作之余，他密切关注五金制品行业，并对其进行市场分析。通过不断地搜集材料，李嘉诚发现，五金市场上还没有一家专门生产铁锁的，这个时候如果有人能抓住这个商机，生产铁锁，那么肯定能获利不小。

经过一番盘算，李嘉诚觉得前老板的五金厂生产铁锁是非常可行的。于是，李嘉诚就去找五金厂老板，并告诉他自己的想法。五金厂的老板听取了李嘉诚的建议，觉得非常有道理，于是，他就不再生产镀锌铁桶了，转而开始生产铁锁。

果然，如李嘉诚预料的，五金厂转换了产品类型后，很快就度过了危机，而且还获得了丰厚的收益。五金厂能够起死回生全靠李嘉诚的帮助，五金厂的老板对李嘉诚表示感谢，还对其感恩的处事态度非常敬佩。

对于别人给予的帮助，李嘉诚总是牢记于心。在日常的生活中，李嘉诚时刻怀着一颗感恩的心。在发现别人遇到困难的时候，他会想方设法地给予帮助，回报别人的恩德。也正因为李嘉诚懂得知恩图报，所以，他赢得了很多人的尊敬和信任，有的人也因此成了他长期的生意合作伙伴，有的甚至成了他终生的好朋友。

古语有云："有福同享，有难同当。"作为企业的管理者，李嘉诚对自己的员工也时刻怀着感恩之心，他认为，员工是养活企业，养活老板的，没有他们就没有自己的成就，所以要对他们时刻怀着感恩之心。

现实生活中，我们看到过，一些企业一旦有所成就，就会将昔日的老员工踢向一边，或者降低工资，或者劝说辞职。这明显是没有感恩之心的公司，这样的公司可能会暂时赢利，但是却不能长久生存。

其实，对于员工、公司和老板之间的关系，李嘉诚有自己的见解，他觉得，老板养活员工是旧式老板的观点。现代企业的观念应该是员工养活老板，养活公司。尽管李嘉诚后来开始转变投资方向，发展地产和投资股票，但是他并没有忘记那些老员工，一直关照他们。

20 世纪 70 年代后期，香港才女林燕妮为她的广告公司租场地，跑到长江大厦看楼，发现李嘉诚仍在生产塑胶花。而这个时候，塑胶花早已过时了，根本无钱可赚。长江地产当时的盈利已十分可观，李嘉诚完全可以不再生产塑胶花了。

当时，林燕妮就说："不外是顾念着老员工，给他们一点生计。"而公司职员也说："长江大厦租出后，塑胶花厂停工了。不过，老员工亦获得安排在大厦里干管理事宜。对老员工，他是很念旧的。"

李嘉诚对待员工的态度非常好，他常说，一家企业就像个家庭，他们是企业的功臣，理应得到这样的待遇。现在他们老了。作为晚辈，就该负起照颐他们的义务。

跟随李嘉诚多年的元老周千和回忆当初的创业经历时说："那时候，大家的薪酬都不高，才百来港纸（港元），条件之艰苦，不是现在的青年仔所能想象的。李先生跟我们一样埋头搏命做，大家都没什么话说的。有人会讲，李先生是老板，他是为自己苦做——抵（值得），打工的就不抵。话不可这么讲，李先生宁可自己少得利，也要照顾大家的利益，他把我们当自家人。"

几乎所有的成功者都有一个共同点，就是他们都有一颗感恩的心。当他们获得一定的财富和地位的时候，他们懂得回报，懂得感恩，不管是通过物质还是精神，他们都希望帮助他人，回报社会。

学会倾听，才能集思广益

成就加上谦虚，才最难能可贵。

在人际交往中，喜欢说话是好事，表明这个人开朗且健谈，但说话太多也不是好事。有些人根本不顾别人听没听懂，理解不理解，想听不想听，一味地想要表达自己而忘记聆听别人的见解。这种人，其实并不受欢迎。

古希腊流传着这样一句话：上帝对每一个人都很公平，他赐予我们的都是一条舌头、两只耳朵，所以我们从别人那儿听到的话，可能比我们说出的话多两倍。这话告诉我们的就是：人要学会倾听。

不论是在日常生活中，还是在工作中，我们都应该做一个善于倾听的人，毕竟倾听也是人与人之间进行沟通与交流的重要方式。如果我们想要通过沟通达到自己与人进行交流的目的，首先就要学会做一个会倾听的人。

作为企业的管理者，尤其要学习倾听，因为倾听可以让你获得更多更好的建议，从而做出正确的决策；因为倾听可以让你了解你的员工，从而与员工打成一片，做一个关心员工的好领导；因为倾听可以让你获得更多的灵感，从而开阔思路，发散思维……可以说，倾听是一个管理者的基本素养。

李嘉诚就是一个很善于聆听的企业家。不论遇到什么样的人，李嘉诚都能从他人身上发现闪光点，找到他人的过人之处，并为己所用。

在新界，李嘉诚有一个新楼盘正准备发售，由香港《明报》的广告公司为这个楼盘做代理。有一天，广告公司的工作人员到现场考察时，发现了一个问题：新界的别墅虽然全都已经修建好了，但是旁边的公路却没有修好，周边的配套设施也不健全。当天，天还下着雨，道路泥泞难走，考察人员的鞋子、裤子上都沾满了泥点儿。

广告公司的员工考察完后见到李嘉诚，将这一情况告诉了他，还建议他修缮公路，完善周边的配套设施，否则再好的楼盘，也会因为周边的交通、环境不好而很难卖出去。

李嘉诚听完工作人员的话后，觉得他们说的很有道理，于是，就向他们表示感谢。之后，李嘉诚立刻采取措施对别墅周边的配套设施、环境、交通进行改善，不仅修建了公路，还在四周种植了花草树木。

经过一番整改，楼盘吸引了更多的客户，别墅的销售异常火爆。有了这次的经验，每当销售高档楼盘时，李嘉诚都会对楼盘周围的环境、交通、配套设施进行整改完善，力求做到最好。

没有人随随便便就能成功。李嘉诚亦是如此，如果他没有认真倾听广告公司工作人员的建议，并及时采取措施，进行改善，他有可能就失去了这一次获利的机会。李嘉诚曾说："成就加上谦虚，才最难能可贵。"

人有失手，马有失蹄，再精明的企业家也有犯错、失误的时候。中国的许多企业已经走出国门，面向世界，在竞争日益激烈的市场经济中，一位管理者若想要自己的企业成为商界的常青树，独占鳌头，单靠一个人的智慧是远远不够的。

作为一个管理者，任何人提出的有利于公司发展的建议都应当认真倾听，虚心接受，只有这样，才会有更多的人愿意给管理者提建议。唯有如此，企业的管理者才能知道自己的不足之处，知道工作的漏洞在哪里，从而提前补救。

俗话说："智者千虑，必有一失；愚者千虑，必有一得。"管理者应该效法古人，学会倾听，善于倾听员工的建议或者意见，集思广益，改善管理方式，提高工作效率，从而使企业不断发展壮大。

在一次职工会议上，有位厂内的老员工站起来发言说："我在厂里工作二十多年了，一直任劳任怨，尽职尽责。我很热爱这个工厂，也受到工厂领导的多方肯定，但是在工作中，我看到工厂中存在一个不好的现象，今天实在是忍不住了，不得不提。大家都知道，我的主要工作就是操作机器，操作机器时必须要戴手套才行。但是在操作过程中，手套很容易就会被损坏，要经常更换才行。然而，按照工厂的规定，申请手套时，我必须请别人代替我照看机器，如果没有人代班就只能停机。再者就是，申请手套时，我要走到另一幢大楼的仓库填写表格，找主管核定以后，再送回仓库才可以领到一副新手套。依我的经验，单是申请一双手套，我就要花去一个小时的时间。"

这位老员工说话的时候，总经理正在思考一项重要的提案，并没有太在意这位工人在说什么。最后这位员工又问道："我实在不明白工厂为什么非要这么规定？"

这时，这位总经理才忽然明白过来这位员工说的是什么，但他并没有意识到问题的严重性，只是淡淡地说："以前也有员工提过这个问题，我想这样做自然有它的道理，等调查以后会给你一个答复。"

原来，这个工厂曾在 1979 年遗失过一箱手套，从此以后每申请一副手套都要花费近一个小时的时间。然而，手套是易耗品，很容易损坏，因此，很多时间就这样白白浪费掉了。

在现代企业管理中，这种烦琐的程序显然是不必要的，而且一个不善于倾听员工意见的管理者，也难以在实际管理中真正地将公司管理好。在上述事例中，如果这个企业的总经理是一个善于倾听的人，那么他就能够从员工的意见中发现问题，当第一次有工人提出这个问题时，他就应该将这个一直影响工厂生产效率的问题解决掉，而不是置之不理，一拖再拖。

如果你想做一名受人拥戴的管理者，那就要学会倾听不同的意见，卡耐基曾经说过："敌人的意见比我们的意见更接近事实。"只有善于听取他人的意见，尤其是一些批评意见，你才能更好地管理企业，赢得员工的尊重与信任，获得员工的忠心，从而做出正确的有利于企业发展的决定。

敢于创新，才是大势所趋

唯一能让我们想出改变世界的新点子的途径，就是让思维跳出所有人头脑中固有的束缚。你必须在所有人给你设定好的界限之外思考，这就是苹果创新的秘密。

一个成功的企业除了要有优秀的员工、高效的团队，还要有一位敢于打破常规、勇于创新的管理者。企业的管理者是企业的掌舵人、企业的首脑，如果管理者想带领着企业以及团队不断前进，在强大的市场竞争中占据有利地位，那么这位管理者就该拥有一定的创新精神和创造力，敢于突破常规，敢于挑战。

企业在经营的过程中总会遇到这样或那样的问题，如果公司的管理者思想保守，墨守成规，始终以一成不变的眼光看待问题，不懂与时俱进，那他就无法找到企业发展的新动力和新源泉，对公司中出现的问题也就找不到好的解决方法，也就难以从根本上解决问题，甚至做出错误的决策，给公司带来危机。

21世纪，新技术层出不穷，市场变化异常迅猛，企业仅靠传统实业已无法立足，必须向互联网等高科技领域迈进。因此，企业管理者只有认清形势，发动头脑风暴，紧紧依靠创新思维才能使自己以及企业立于不败之地。

2013年，中国的传统商业体系开始全面进入电子商务体系。阿里巴巴正是抓住电子商务这个机会积累了大量的财富。

阿里巴巴的成功告诉我们：企业应该紧跟时代潮流，与时俱进，企业的管理者也应该具有创造性的头脑和高瞻远瞩的眼光，看清局势，看见机遇，从而抓住每一个稍纵即逝的机会。

历史总是惊人的相似，从来都是时势造英雄，而非英雄造时势。近年来，互联网金融行业对实体行业产生了巨大的冲击，面对此种情况，李嘉诚打破常规，突破旧的思维模式，向互联网金融发起了挑战。

九十岁高龄的李嘉诚及时接受新思想，虚心学习新科技和新技术，坚持对人工智能、新零售、大数据等领域进行学习和探索。

2013年，李嘉诚抛售了他在内地价值数百亿元的资产和股票。当时，这一事件引起了很大的轰动。但没有人知道李嘉诚的这一做法是为了在新科技领域大展拳脚。紧接着，人们看到李嘉诚在折叠LED灯、大数据筛选、废水生物处理、非转基因育种技术等新科技领域进行了大量的投资。

2014 年 5 月 20 日，李嘉诚基金会在北京展示了七个高科技项目，其中，人造鸡蛋产品让人眼前一亮。人造鸡蛋产品因为其具有高科技含量和新时代气息，非常吸引眼球。

股神巴菲特曾对比尔·盖茨说，自己不会投资互联网业，因为对这个新行业缺乏了解。但李嘉诚却不这样认为。李嘉诚是靠做实业而成功的，他曾经也对互联网不甚了解，但他明白，如果想要企业不断前进，不断壮大，就必须投资互联网领域，而且势在必行。

"世界潮流，浩浩荡荡，顺之则昌，逆之则亡。"无论何时李嘉诚都紧跟时代的步伐，及时了解和学习新兴事物，从而使企业遇到瓶颈期的时候能够迅速转型，找到新的盈利增长点，使自己的财富不断攀升。

《伊索寓言》中有这样一个小故事，它可以很确切地说明创新思维的重要性。

一个下雨天，一个穷人到富人家里讨饭。这个穷人没有直接问富人要钱或者要饭，而是说："我的衣服湿透了，我只想进去在你们的炉子上把我的衣服烘干。"富人想，只是烘干衣服，我也不会损失什么。于是，富人让穷人进去了。

当穷人进到屋里面后，穷人又说："您可以给我一口锅吗？我只想煮一碗石头汤喝。"富人觉得惊讶，用石头熬汤，还是头一次听说。于是，富人就把锅借给了穷人。当一锅的石头汤快要煮沸的时候，穷人又说："您是否可以借给我一点盐，一点就可以。"于是，富人给了穷人一点盐。此时，富人看到案板上还有一些剩菜叶子，于是，他说："这些也给你吧。"后来，富人又给了穷人一些碎肉末。

故事讲到这里，你是不是要笑了呢？对，最后穷人把石头都拣了出去，喝了一锅美味的肉汤。而这个故事就告诉我们，创新不是天才的"专利"，只要每个人都不断改进思维和方法，那么就能获得成功。

勤奋与创新是成功的基本素质。投资离不开创新思维，企业的管理者应该在无限的创新中寻找商业的智慧。那么，企业的管理者如何才能创新，找准投资的方向呢？这就需要管理者不断积累实践经验，充分发挥自己的主观能动性，结合实际进行市场调查，发散思维，打破束缚思维的条条框框，超越自我，另辟蹊径，借助新科技进行创新，并提出更具创新性的决策和方案。

丰富的想象力是创新的推动力。管理者的创新力就来自其丰富的想象力。诚如科学巨匠爱因斯坦所言：想象力远比知识来得重要。对于拥有丰富想象力和创新精神的人来说，每一天的每一个时间段都是新鲜的，带着"新生"的味道。

乔布斯的合作伙伴史蒂夫·沃兹曾说过："唯一能让我们想出改变世界的新点子的途径，就是让思维跳出所有人头脑中固有的束缚。你必须在所有人给你设定好的界限之外思考，这就是苹果创新的秘密。"

任何一家企业，不论规模大小和实力强弱，企业的领导人都不应该在经营管理的过程中犯刻板教条、因循守旧的错误。因为因循守旧很可能会断送一家企业的未来。企业的管理者一定要有较强的洞察力，学习最先进的管理知识，不断研究新的经营方式，积极开拓新的市场，保证企业发展的正确方向，使企业能够在正确的轨道上运行，不至于和时代脱节。

Chapter 10

投资需谨慎

——懂得控制欲望，方能不败

聪明的投资者，懂得借鸡生蛋

把自己当傻瓜，不懂就问，你会学得更多。

为什么有的商人只能做小买卖，挣小钱；而有的商人却能将生意越做越大，越做越强？其实，很多时候，就是一个人的思维在起作用。聪明的商人深谙"借鸡生蛋"的道理，即利用别人的钱，来为自己谋求财富。"利用别人的钱来为自己赚钱"，这是李嘉诚多年做生意所总结出来的经验。可以说，在创业初期，李嘉诚将这一方法用到了极致。

我们都知道，李嘉诚最开始是做塑胶花的，后来才转战房地产业。当李嘉诚转战房地产业的时候，他主要借助了汇丰银行的财力，使自己成为香港屈指可数的房地产商人。自20世纪60年代开始，在李嘉诚的众多收购方案中，汇丰银行都起到了不可忽视的作用，同时，汇丰银行也从中取得了很大的利益。

李嘉诚就像一只猎豹，随时随地都在搜寻对自己有利的依仗。在进军海外市场的时候，他又找到了新的"金主"——加拿大帝国商业银行。为了拓展海外市场，李嘉诚选择了加拿大帝国商业银行作为自己的合作伙伴。长江实业与加拿大商业银行合资，共同成立了加拿大怡东财务有限公司。李嘉诚担任该公司董事长和总经理。

通过与加拿大帝国商业银行的合作，李嘉诚获取了大量的外资，并用这些外资作为进军海外市场的周转资金。此外，在1975年6月，因为有了加拿大帝国商业银行的担保，长江实业得到了加拿大政府的批准，从而得以在加拿大上市。也正由此开始，长江实业一步步迈入国际金融市场。

加拿大帝国商业银行不仅为李嘉诚提供了资金上的保障，还为他接下来进军海外市场提供了很多的资源。20世纪80年代，石油业开始走下坡路，价格不断下跌，与此同时，股票市场也不景气。但眼光独到的李嘉诚却很看好石油工业。

李嘉诚当时是这样认为的：中东国家和美国有分歧，石油供应紧张。而加拿大有石油，政治环境又相当稳定，所以，就趁加拿大赫斯基石油公司亏损的时候把它买了过来。

赶巧的是，当时的赫斯基石油公司由于受到油价低迷的市场形势的影响，资金周转困难。于是，李嘉诚就利用加拿大帝国商业银行的巨大财力与赫斯基石油公司签订了并购协议。

1986年年底，李嘉诚购入赫斯基石油公司52%的股权，此后的四年时间里，李嘉诚一直在收购赫斯基的股份。到 1990 年，李嘉诚手中的股份已占赫斯基所有股权的 95%，算是彻底掌握了赫斯基石油公司。在加拿大帝国商业银行的帮助下，李嘉诚终于如愿以偿，收购了赫斯基石油公司，这一交易被看作是李嘉诚"一生中最伟大的投资之一"。

借助他人的资本，除了能让企业在短时间内走得更远之外，还会在无形中产生一种压力。有压力才会有动力。为了按时偿还本金和利息，使资金得以周转，企业的管理者就会加倍努力，将到期没钱可还的风险降到最低。还有一点就是，借助他人资本，能使企业在市场经营中得到许多外来的帮助，从而在激烈的市场竞争中立于不败之地。

追求财富和成功是每个人的权利，而要想取得成功，单打独斗是不行的。学会借助他人的财力、物力为我所用，从而赚取更多的财富，对于白手起家的创业者来说，这的确是个迅速取胜的法宝。李嘉诚曾说："把自己当傻瓜，不懂就问，你会学得更多。"借钱生钱、借鸡生蛋，是这个时代的创业者和管理者应该懂得且会运用的"致富圣经"。

我们很多人都只知道希腊船王——奥纳西斯，却不知道美国也有位船王，他叫丹尼尔·洛维格，他的财富比起奥纳西斯来，有过之而无不及。丹尼尔·洛维格为什么会拥有如此多的财富呢？主要是因为他善于借助外力来为自己谋取财富。

丹尼尔·洛维格九岁的时候，一天他听到邻居准备将他们家的一艘沉入水底的柴油机帆船遗弃的消息后，他立刻向父亲要了五十美元，他将五十美元分成三份，一份用来雇人打捞这艘船，一份用来购买这艘废船，剩下的一份用来请人维修这艘船。

当这艘柴油机帆船被修好后，小洛维格又将它以一百美元的价格卖掉了。一来一回中，小洛维格赚得了五十美元。通过这件事情，洛维格发现，借助他人的财力完全可以使自己获取更多的钱。

后来洛维格想要创业，可他没有本钱。然而，想要获取本钱只有一个办法，就是向银行贷款，但是他没有任何可以做担保的东西，自然无法得到银行的贷款。于是，他又把自己的一艘老游船进行了改装，然后租给了石油公司。凭着石油公司的良好的经济效益和信誉，洛维格以每个月的租金做抵押向银行贷款。因为有了足够的租金做抵押，银行同意贷款给洛维格。

洛维格拿到贷款以后，先去买了一艘货轮，并将它改装成一条装载量较大的油轮，洛维格将这条油轮也租给了石油公司。然后他又以油轮的租金作抵押，向银行贷款，之后再去买船，如此循环往复，一笔笔租金慢慢还清了他的贷款，接下来的租金不必再交给银行，这就是他的收入了。

做任何事情都要经过一个从无到有，从弱到强的过程。创业者不一定非得攒够本钱才能去做生意，要学会巧借财富，"借鸡生蛋"。生意是死的，人是活的，白手起家也可以成为豪商巨贾。因此，我们每一个人都要对自己有信心，学会借助强者的力量来实现自己的愿望。

口袋里有"现金"，心就不会慌

现金流、公司负债的百分比是我一贯最注重的环节，是任何公司的重要健康指针。任何发展中的业务，一定要有让业绩达致正数的现金流。

人体的血液枯竭了或者血管里有了"栓塞"，人会有生命危险。而现金流可以说是企业的血液，企业生产经营活动的每一环节的循环和周转都需要现金流的支持。利润，也可以说是现金流，能够为企业补充营养，增强免疫力，增加"造血功能"。企业没有利润，没有现金流，即使其规模再大，也难以使企业维持长久的运转。

李嘉诚表示："以往从事塑胶花制造业时，曾亲身体会到现金流是主宰公司命脉的因素，因此，一直惦记于心中。"在投资经营的过程中，除非遇到好的投资机会，否则，李嘉诚会一直持有现金，并采取观望的态度。1979 年，李嘉诚收购和记黄埔；1985 年，他又买下香港电灯。这些收购行为都是李嘉诚在极短的时间内调动巨额现金完成的。

1997 年，亚洲金融危机爆发，李嘉诚敏锐地觉察到市场中存在着巨大的危险。于是，他命令旗下的公司多次抛售物业与楼盘，从而迅速回笼了大量的现金。也正是由于回笼的大量现金做后盾，李嘉诚的企业在随后的金融危机中，才能够在香港股市和楼市都受到重创，股票持续下跌的情况下，而不至受到过大的冲击。

而随后在 1998 年香港房地产进入低潮期时，李嘉诚又用手中现金购买了大量的土地，用超低的成本建造房产。正是在金融危机时竞争对手手中的现金流都不充裕的情况下，李嘉诚凭借着手中充裕的现金而成了竞标拿地的大赢家。等到了香港经济复苏之后，他又以高价卖掉房产，从中赚取了巨额利润。

李嘉诚一直奉行"现金为王"的财务政策，在任何时候都要持有大量现金。李嘉诚持有现金的做法不仅降低了经营风险，同时也使自己不错过任何绝佳的投资机会。在过去的数十年中，正是由于李嘉诚奉行"现金为王"的原则，所以他旗下的公司才能在变幻莫测的市场竞争中长期屹立不倒，始终盈利。

1999 年至 2000 年间，欧洲 3G 电信业务发展势头良好，当时大部分人都认为 3G 电信业务是"金矿"。但李嘉诚却下了一道保守的指令——所有 3G 流动电话牌照的竞投，都要按公司的现金流能力设定上限。

李嘉诚说："一家公司即使有盈利，也可以破产，一家公司的现金流是正数的话，便不容易倒闭。"无论是创业初期的捉襟见肘，还是创业后期的富可敌国，李嘉诚一直非常注重现金流，他曾说："现金流、公司负债百分比是我一贯最注重的环节，是任何公司的重要健康指针。任何发展中的业务，一定要有让业绩达致正数的现金流。"

李嘉诚之所以能够成功，就在于其对风险的高度戒备，并深知现金储备的重要性。因此，他总是要时刻确保自己旗下的公司能够保持充足的现金流，在需要资金的时候不必听命于他人。

现金流决定着企业能否规避风险、稳健发展。很多企业陷入困境甚至破产倒闭有时候并不是因为经营不善、资不抵债，而是出现了支付危机。大量的企业破产案例告诉我们，暂时性的资金短缺也很可能使企业在外部环境的冲击下陷入财务危机，甚至垮掉。因此，控制好企业的现金流，对于企业来说是非常有必要的。

除了李嘉诚，华为的总裁任正非也十分看重现金流。在创业初期，由于现金的匮乏，任正非丧失了很多机会。且因为缺少现金流，华为早期的发展也受到了很大的制约，一度需要通过高利贷来帮助企业渡过难关。

一个企业，如果财务的账上没有现金，那么，即使该企业在外面有很多正在盈利的项目，也很可能会陷入濒临倒闭的困境。任正非在后期经营华为的时候，曾经对同事这样说道："夏收抢收中有句话'家有粮，心不慌'。口袋里有钱，心就不慌……在最关键的历史时刻，我们一定要重视现金流对公司的支持。在销售方法和销售模式上，要改变以前的粗放经营模式。我宁肯卖得便宜一些，也一定要拿到现金……这个冬天过去，没有足够现金流支撑的公司，春天就不存在了……"

任正非在开拓海外市场的时候，首先遇到的就是海外回款期长、风险大等问题，这直接导致企业现金流的压力巨大。为此，华为采取三种方式避免海外贸易的回款风险而造成的现金流短缺的压力。

首先，在签订项目合同之前，让对方先付预付款，抽样产品合格后再付一部分款项，剩下的一部分款项等到全部交货后付清；其次，通过中国政府，与其他国家建立合作关系，华为直接从中国政府那里获得资金；最后，针对非洲一些国家，利用当地的资源，华为和其他公司合作，这样风险会均摊，不会只让华为一家企业承受。

华为能够在海外市场中顺利发展，并且发展势头迅猛，主要是因为其一直持有充裕的现金流，而充裕的现金也为华为的发展提供了基本保障，是华为持续发展壮大的关键所在。

在日趋激烈的市场竞争中，一个企业能否持续发展，能否在危机来临之际站得住脚，在很大程度上取决于企业是否拥有充足的现金流。资金的周转速度和财务支出能力关乎企业命脉，所以，企业想要健康发展，就需要有充裕的现金做支撑。

多元化经营，确保旱涝保收

> 正像日本商人觉得本国太小，需要为资金寻找新出路一样，香港的商人也有这种感觉。说一句大家都明白的道理，根据投资法则，"不要把所有的鸡蛋放在一只篮子里"。

随着移动互联网和金融国际化的高速发展，经济的全球化和多元化，已成为世界经济发展的大趋势。网络资讯的快速与便捷使世界变成了一个小小的地球村。而此时，香港对于李嘉诚这个商界大腕来说，仿佛也变得局促和狭小了，为了寻求更大的发展空间，李嘉诚将商业扩张的触角伸向了世界。

李嘉诚之所以能够叱咤商界数十年，主要归功于其投资业务的多元化。世界著名的经济学家郎咸平认为，多元化的最大好处就是可以通过不同行业之间的优势互补，保证现金流的稳定。而这一点是视现金流为经营根本的李嘉诚最为看重的。

内地民营企业家刘永好曾说："我心目中唯一的榜样就是李嘉诚。"刘永好认为，李嘉诚可以一步步将企业做大做强，主要是因为其善于抓住机遇，根据时代的发展，不断调整投资方案，从不只做一种产品，而是将资金分散地投向各个领域——房地产、通信、能源、零售行业，等等。

李嘉诚说："正像日本商人觉得本国太小，需要为资金寻找新出路一样，香港的商人也有这种感觉。说一句大家都明白的道理，根据投资法则，'不要把所有的鸡蛋放在一只篮子里'。""不把鸡蛋全都放在一个篮子中"，可以说是李嘉诚多元化的投资的秘诀所在，而这也在一定程度上成就了他"李超人"的名声。

1950 年，李嘉诚看中了塑胶产品的制造门槛低、成本低、薄利多销、资金回笼快等优点。于是，他在香港的筲箕湾创立了长江塑胶厂。在他赚到人生的第一桶金之后，他发现，虽然塑胶花制造门槛低，但是塑胶花只能在短时间内盈利，并不能够给企业带来长远的效益。于是李嘉诚开始转变自己的经营管理模式，并将业务拓展到其他领域。

1958 年，李嘉诚进军房地产业，从租赁物业到开发楼盘，他一步步壮大自己的房地产事业。当时，香港正值大动荡时期，出现了工人罢工的现象，房地产价格暴跌。但李嘉诚抓住机会，利用低价买进大量的土地和房屋，从而储备了大量资源。当地产业回温之后，李嘉诚又售出房屋，从而获取了巨大的利益。

1972 年，李嘉诚的长江实业有限公司在香港上市。此后，李嘉诚与时俱进、开拓创新，不断进行多元化的投资和扩张。为了壮大长江实业，1980 年，李嘉诚以小博大，收购和记黄埔，成为具备国际视野的投资人。1981 年，他又收购了屈臣氏集团，开始投资零售业。到了 1985 年，李嘉诚又涉足通信行业，成立了电话公司。1986 年年底，李嘉诚的事业又转向能源领域，他以高价购买了赫斯基石油公司 52% 的股权。此后随着电子信息、网络通信等行业的迅猛发展，李嘉诚又对电信、电视通信行业也显出了浓厚的兴趣。

经过长期的发展，李嘉诚的多元化投资形成了地产、酒店、港口、零售、能源、电讯、基建等为基本业务的长和系结构。长和系是指李嘉诚旗下所构建的企业集团的总称，具体来说，长江系是指长江实业；和记系则包括和记黄埔以及和记电讯。

除了在投资领域，李嘉诚的商业王国呈现出多元化的投资格局以外，在组织管理领域，也呈现出多元化的管理格局。在李嘉诚对旗下的长和系业务进行重组以前，长江集团的众多业务都是由八家上市分公司进行管理的，它们分别是长江实业、和记黄埔、电能实业、长江基建、长江生命科技、和记电讯、和记港陆和 TOM 集团。

和记黄埔在李嘉诚的多元化战略中占据着至关重要的地位，可以说，和记黄埔是李嘉诚多元化经营的重要平台。

电能实业公司主管电能业务，刚开始时只是主管香港地区的供电业务，后来才发展成为全球化的能源公司。2001 年，该公司又投资可再生能源，而且盈利颇丰，一度超过香港本地业务。

长江基建公司，顾名思义就是负责长江集团在香港和内地的基础设施建设。它已经走向国际化，除了在内地投资交通基建，还对英国、澳大利亚、新西兰、加拿大等海外市场的能源基建事业进行投资。

和记电讯公司，原本主要是负责香港和澳门地区移动通信和固网业务的，后来和记紧跟时代潮流，加入了 3G 业务。3G 业务是和记电讯成为长江集团全球电讯业务名副其实的财务后盾。

至于长江生命科技公司，是李嘉诚商业王国中离核心业务最远的一家公司，它主要经营医药和保健业务。它是李嘉诚公司旗下唯一一个在创业板上市的公司，这家公司的投资也很多样化，既有对中国内地市场肥料行业的投资，也有对北美市场上医药和保健行业的投资，还有对澳大利亚葡萄种植、专业草皮管理等业务的投资。

投资就像是赌博。如果把所有的资产都投在一种业务上，那么，风险就会很大。但如果是在多领域进行多元化投资，那就可以做到旱涝保收。一条腿再好，难免会有摔倒的一天。而多元化的投资也不是说要企业盲目投资，多元化投资应该是充满战略性和互补性的。

我们可以对李嘉诚旗下的公司所涉及的行业进行仔细的观察和思考，从表面上看，港口、地产、酒店、零售、能源、电讯等，这些业务之间没有什么必然的联系，但是从深层次上分析，它们之间又存在着某种联系。

李嘉诚认为，多元化投资，可以保证各个业务板块处于不同的产业周期，这样，无论什么时候，长江集团都不至于全面瘫痪，因为旗下至少会有一项业务是处于上升阶段的，至少有一条腿是稳健的。可以说，不断地扩展市场，始终坚持多元化的发展，是长江实业在过去几十年无论遭遇什么样的危机都能始终保持盈利的关键所在。

经济的多元化和全球化是规避地域风险的最好途径。经验再丰富的投资人，也有判断失误的时候，所以多元化不是可有可无的选择，而是一种大势所趋和不可不为、不得不为的选择。因此，作为一名企业家或者说投资人，一定要具备多元化的投资和经营意识。

放长线钓大鱼，成就不败神话

> 我们只有放长了线，才能钓到远方的"大鱼"；谋得深，虑得远，看到三五年之后的事情，等到大局稳定了，我们不管怎样一定能够飞黄腾达。

自 20 世纪起，李嘉诚就开始在海外拓展自己的事业。他在欧洲、亚洲、美洲、非洲都有投资，从而逐步建立起属于自己的"通信产业王国"。他充分利用自己高瞻远瞩的商业眼光，制定了一系列的海外业务投资战略。

1986 年，李嘉诚以 6 亿港元收购了英国比尔讯公司近 9% 的股权。1987 年，李嘉诚又斥资 3.72 亿购入英国电报无线电公司 5% 的股份。两年后，李嘉诚和马世民商议筹划，成功收购了英国 Quadrant 公司的移动电话业务，经过对移动电话业务的深度拓展，它现已成为和黄通信拓展欧美电信市场的一个总据点。

李嘉诚很看好电信事业的发展前景。在成功收购了英国 Quadrant 公司移动电话业务的同一年，李嘉诚又以 5 亿美元的价格收购了 Orange，以及一家英国电信公司，并且还在英国推出了一款 CT2 电信服务业务。收购 Orange 对于李嘉诚来说，无疑是一次非常具有远见的投资。对于这次的投资，李嘉诚的态度是："电信业务是未来集团的发展重点，我已经知道五年后的和黄要做什么了。"

CT2 电信服务业务一经推出，就给英国的电信市场带来了不小的冲击，但是由于这项业务的核心技术和服务技术都比较落后，所以，最后在激烈的市场竞争中被淘汰了。和黄也因此负债累累。

当时，很多人认为 CT2 业务会拖垮整个企业，一度劝李嘉诚放弃该业务。但李嘉诚坚持己见，始终不曾放弃。李嘉诚认为自己的想法和对公司未来发展方向的把控是正确的，而 CT2 业务也是有很大的发展空间的。

李嘉诚没有被一时的失败击倒。1994 年，李嘉诚将英国的电信业务重新包装，改名为 Orange，并且斥资 84 亿港元，推出了新的 GSM 移动电话服务业务，虽然这项业务在刚开始的时候并不被人看好，但是，经过一段时间的发展，渐渐地被大众接受了，并取得了很好的经济效益。

经过两年的稳定发展后，Orange 在英国成功上市，没多久 Orange 的股票价格持续暴涨，比刚上市的时候多了六成还多。这又为和黄带来了巨额的收益。仅一年的时间，Orange 就成为英国第三大移动电话运营商。

Orange 上市以后，受到很多消费者的欢迎与信任。1998 年，李嘉诚仅仅抛售了 Orange 4.3% 的股份，就整整获利 54 亿港元。从 1989 年李嘉诚花五亿美元收购 Orange，到 1998 年，不过十年的时间，李嘉诚这项不为人看好的电信项目在业务上的收益就已经是当初投资时的十倍还要多。这是许多人都不曾预料到的结果。

李嘉诚既有精明的头脑、长远的眼光，又有精准的分析和对未来发展趋势的全盘把控，以及对自己的绝对信心，故而才能做出适合企业发展的正确决策。

所以说，一个人要学会选择，正确取舍，一定要学会放长线钓大鱼。只有当你的眼睛盯着目标的时候，你实现目标的机会才比较大。无论这个目标是什么，情况都是如此。从长远打算，虽然不能立刻收效，但在日后能得到更大的好处。李嘉诚凭借其长远的商业战略眼光，洞察出产业的未来发展趋势，这足以看出他在商业上的远见卓识和深谋远虑。

投资最忌的就是急功近利，有些人想要通过投资实现立竿见影的效果，于是，就会采取一些冒进的投资策略，最终导致血本无归、一败涂地。要知道，投资回报不是短时间的事情，只有做到"放长线"的投资，才可能得到更大的收益。李嘉诚正是因为明白了这个道理，所以才取得了巨大的收益。

在商业投资中，一个人如果不懂得深谋远虑，未雨绸缪，没有一个长远的规划和打算，那么在竞争之前他就已经败下阵来了。胡雪岩常对人说："我们只有放长了线，才能钓到远方的'大鱼'；谋得深，虑得远，看到三五年之后的事情，等到大局稳定了，我们不管怎样一定能够飞黄腾达。"

真正的企业家都明白这样一个道理：线要放得长，才能钓到深海中的"奇珍异宝"。想成大事就一定要深思熟虑，深谋远虑，谋而后动，不被眼前的一些蜗角虚名、蝇头微利迷惑了眼睛。只有这样，在与对手的博弈中才能够成竹在胸，运筹帷幄，决胜千里，成就不败神话。

附　录

李嘉诚经典语录

1. 不义而富且贵，于我如浮云。是我的钱，一块钱掉在地上我都会去捡。不是我的，一千万块钱送到我家门口我都不会要。我赚的钱每一毛钱都可以公开，就是说，不是不明白赚来的钱。

2. 一个人一旦失信于人一次，别人下次再也不愿意和他交往或发生贸易往来了。别人宁愿找信用可靠的人，也不愿意再找他，因为他的不守信用可能会生出许多麻烦来。

3. 我表面谦虚，其实很骄傲，别人天天保持现状，而自己老想着一直爬上去，所以当我做生意时，就警惕自己，若我继续有这个骄傲的心，迟早有一天是会碰壁的。

4.好的时候不要看得太好，坏的时候不要看得太坏。最重要的是要有远见，杀鸡取卵的方式是短视的行为。

5.不为五斗米折腰的人，在哪里都有。你千万别伤害别人的尊严，尊严是非常脆弱的，经不起任何的伤害。

6.虽然老板受到的压力较大，但是做老板所赚的钱，已经多过员工很多，所以我事事总不忘提醒自己，要多为员工考虑，让他们得到应得的利益。

7.以往我是百分之九十九教孩子做的道理，现在有时会与他们谈生意……但约三分之一谈生意，三分之二教他们做人的道理。因为世情才是大学问。

8.作为父母，让孩子在十五六岁就远离家乡，远离亲人，只身到外面去求学深造，当然是有些于心不忍，但是为了他们的将来，就是再不忍心也要忍心。

9.坏人固然要防备，但坏人毕竟是少数，人不能因噎废食，不能为了防备极少数坏人连朋友也拒之门外。更重要的是，为了防备坏人的猜疑，算计别人，必然会使自己成为孤家寡人，既没有了朋友，也失去了事业上的合作者，最终只能落个失败的下场。

10.讲信用，够朋友。这么多年来，差不多到今天为止，任何一个国家的人，任何一个省份的中国人，跟我做伙伴的，合作之后都成为好朋友，从来没有一件事闹过不开心，这一点是我引以为荣的事。

11.精明的商家可以将商业意识渗透到生活的每一件事中去，甚至是一举手一投足。充满商业细胞的商人，赚钱可以是无处不在、无时不在。

12. 人要去求生意就比较难，生意跑来找你，你就容易做，那如何才能让生意来找你？那就要靠朋友。如何结交朋友？那就要善待他人，充分考虑到对方的利益。

13. 我个人对生活一无所求，吃住都十分简单，上天给我的恩赐，我并没多要财产的奢求。如果此生能做多点对人类、民族、国家长治久安有益的事，我是乐此不疲的。

14. 互联网是一次新的商机，每一次新的商机的到来，都会造就一批富翁。造就他们的原因是：当别人不明白的时候，他明白他在做什么；当别人不理解的时候，他理解他在做什么；当别人明白了，他富有了；当别人理解了，他成功了。

15. 一般而言，我对那些默默无闻，但做一些对人类有实际贡献的事情的人，都心存景仰，我很喜欢看关于那些人物的书。无论在医疗、政治、教育、福利哪一方面，对全人类有所帮助的人，我都很佩服。